现代汉语概论

现代汉语概论(语音、词汇、文字)

초판1쇄 인쇄 2015년 1월 16일
초판1쇄 발행 2015년 1월 23일

지 은 이 李铁根
펴 낸 이 신 일 희
펴 낸 곳 계명대학교출판부
출판등록 제347-1998-1호(1970. 9. 1.)
주 소 대구광역시 달서구 달구벌대로 1095
대표전화 053-580-6233
팩 스 053-580-6235

ISBN 978-89-7585-692-1 93720 정가 18,000원

• 이 도서의 국립중앙도서관 출판예정도서목록(CIP)은 서지정보유통지원시스템 홈페이지(http://seoji.nl.go.kr)와 국가자료공동목록시스템(http://www.nl.go.kr/kolisnet)에서 이용하실 수 있습니다.(CIP제어번호: CIP2015001677)

现代汉语概论

(语音、词汇、文字)

李铁根

계명대학교 출판부

目次

一、汉语和现代汉语

语言是人类特有的一种社会现象，是人类最重要的交际工具和思维工具，是由语音、词汇、语法三个部分构成的完整的符合系统。语言是人类区别于动物的重要因素之一。世界上究竟有多少语言，目前并没有确切的说法。最保守的估计是2500——5000种。使用人口超过100万的语言只有140种，其中使用人口最多的无疑是汉语。

汉语是中国汉民族的语言，同时也是中国各民族用来交际的语言。汉语有悠久的历史，单是有史料记载的汉语史，也有三千年了，汉语实际的历史要比这久远得多。经过这样久远的历史进程，汉语发展得异常丰富。与外民族语言相比较，与古代汉语相比较，现代汉语在语音、词汇、语法等方面都有自己的特点。

汉语可以分为古代汉语和现代汉语。通常把1919年之前的汉语称作古代汉语，1919年之后的汉语称作现代汉语。

现代汉语有两种含义：一是指现代汉民族共同语，即以北京语音为标准音，以北方话为基础方言，以典范的现代白话文著作为语法规范的普通话；一是指包括各种方言在内的现代汉语。

二、现代汉民族共同语的形成

现代汉民族共同语是在近代汉语的基础上形成的。

宋元以来，有两种趋势促进了民族共同语的发展。一是白话文学的影响。许多话本、戏曲以及文学巨著，如《水浒传》、《西游记》、《红楼梦》等，基本上是用北方话写成的。这些作品的流行，促进了北方话的传播。二是“官话”的推广。由于政治的集中，特别是元明清三朝都在北京建都，以北京话为代表的官话成为各级官府的交际语言，因而推广到各地，成为地区之间的交际语言。特别是“五四”运动以来，随着民族和民主革命运动的高涨，反对文言、提倡白话的“国语运动”和“白话文运动”迅速掀起，彻底动摇了文言文的统治地位，使书面语和口语接近起来，加速了现代汉民族共同语的形成。1955年中央政府委托中国科学院召开了现代汉语规范问题学术会议，后经国务院确定，将现代汉民族共同语确定为“以北京语音为标准音，以北方话为基础方言，以典范的现代白话文著作为语法规范的普通话”，并且要求大力向全国推广。从此，现代汉民族共同语(即普通话）在各方言区广泛使用。

三、现代汉语方言概况

方言是一种语言的地域变体。现代汉语的方言就是现代汉语的地域变体。

汉语的方言大致可以分为七种：

（一）北方方言

以北京话为代表。使用人口占汉族人口百分之七十以上。通行区域：长江以北以及长江以南武汉至镇江的沿江地带，湖北、四川、云南、贵州等省和湖南的西北部。

（二）吴方言

以上海话为代表。使用人口占汉族人口百分之八点四。通行区域：上海市和江苏省长江以南、镇江以东部分、浙江省大部分。

（三）湘方言

以长沙话为代表。使用人口占汉族人口百分之五。通行区域：湖南省大部分地区。

（四）赣方言

以南昌话为代表。使用人口占汉族人口百分之二点四。通行区域：江西省和湖北省东南地区。

（五）客家方言

以广东梅县为代表。使用人口占汉族人口百分之四。通行区域：广东、广西、福建、台湾、江西、湖南、四川等省的部分地区。

（六）闽方言

包括闽南方言（以厦门话为代表）、闽东方言（以福州话为代表）、闽北方言（以建瓯话为代表）。使用人口占汉族人口百分之四点二。通行区域：福建、海南、台湾等省部分地区。

（七）粤方言

以广州话为代表。使用人口占汉族人口百分之五。通行区域：广东、广西两省，香港、澳门同胞主要也使用粤方言。

汉语方言之间的差异突出表现在语音方面，词汇和语法方面也存在一些分歧。如语音方面，吴、闽方言保存了古浊音[b、g、dz]，有的方言n、l不分，声调有少到3个的，有多到10个的。词汇方面，普通话“喝茶”，上海话说“吃茶”，广州话说“饮茶”；“师傅”在北京话中是个尊称，在陕西某方言中是骂人话。语法方面，广东话把“给你钱”说成“畀钱你”，云南保山话中“知道的(der）”意思是“不知道”。

上述各大方言中，闽、粤方言与普通话之间的距离最大，吴方言次之，湘、赣、客家等方言又次之，每个大方言内部还存在着差异，可分出次方言、土语。

四、现代汉语的地位

现代汉语无论在中国国内，还是在世界范围内，都是使用人数最多的语言。

在国内，说现代汉语的人占全国人口的90%以上，现代汉语是全国各族人民之间相互学习和协作的工具，为中华民族的团结和统一做出了巨大的贡献。

在世界范围内，使用现代汉语的人约占全世界人口的四分之一。很久以前，中国就和许多国家友好往来，汉语也因此和许多民族的语言有过接触，并对它们产生了影响(如“丝”、“茶”被英、俄、意等许多语言借用)，尤其是对亚洲的近邻韩国、日本、越南等语言的影响更大一些。它们的语言中都吸收了大量的汉语词，都有长期使用汉字的历史，韩国语中的汉字词在全部词汇中所占比例达百分之七十。

汉语是联合国六种工作语言(英语、法语、汉语、俄语、西班牙语、阿拉伯语)之一，在国际交往中也显得越来越重要。目前，“汉语热”席卷世界五大洲。当今世界上有六十多个多家和地区在高等学校开设了中文系或中文专业，美、日、韩等国学汉语的人都超过了一百万，澳大利亚政府还把汉语列为本国的第一外语。

五、现代汉语规范化

规范化就是使人们的思想、行为等更加符合规范。这就需要建立或进一步完善规范的标准，并使人们接受和遵循这个“标准”。

语言规范化大致有两层含义：一是形成规范，二是遵守规范。现代汉语规范化就是确立现代汉民族共同语明确的、一致的标准，并用这种标准消除语音、词汇和语法等方面存在的一些分歧。

从大的方面说，现代汉语的规范是明确的，即以普通话作为规范的标准。所以我们要大力推广普通话。毫无疑问，现代汉语规范化工作已经取得了巨大的成绩，但规范化的程度仍然很不够。一是严重的方言分歧的存在，一些地区的普通话普及率很低，至今仍有很多人说不了普通话，只会讲方言，有的甚至听不懂普通话，严重影响了不同方言区人们的交际。二是普通话内部语音、词汇、语法各方面仍存在分歧现象，尚需进一步确立具体的规范。如一些多音字的读音问题，方言词语的吸收问题，一些同义格式并存问题(如“开会之前”与“没开会之前”并存、“差点输了”与“差点没输”并存)，都需要进一步予以规范。此外，社会用语混乱现象仍是司空见惯，生造新词语现象(如“非鲫”、“肉身服装”、“裸琳”、“体惦”等)、滥用简称现象(如将“铁岭锅炉厂”简称为“铁锅”，将“自动杀虫剂厂”简称为“自杀”、“上海吊车厂”简称为“上吊”等) 随处可见。

可见，促进现代汉语的健康发展，使其更好地为我们服务，是一项长期的、艰巨的任务，只有全社会共同努力才能大见成效。语文工作者更应该积极为实现现代汉语规范化做出自己应有的贡献。

思考与练习

一、什么是语言?

二、什么是现代汉民族共同语?

三、什么是方言?现代汉语有哪几种方言?方言之间最大的差别是什么?

四、为什么要大力推广普通话?

五、提倡现代汉语规范化会不会阻碍语言的正常发展?

第一章

语音

第一节

语音概说

一、什么是语音

语音是语言的声音，是由人类的发音器官发出来的，表达一定意义的声音。语音是语言的物质外壳，不同语言的语音各有其系统性。

上述定义包含了三个方面的意思。

第一，语音是由人类的发音器官发出来的声音，它不同于自然界的其他各种声音。语音是由人类的发音器官发出来的，表达某种特定语义的声音，而自然声音却不表示什么意义(风声、雨声、泼水声）或无确切的意义(虎啸、狼嚎、鸟啼）。

第二，语音是人类用以准确表达语义的声音，是语言信息的物质载体。喷嚏、哈欠、呻吟、呼噜等声音是自然人声，不表示具体意义。

第三，各种语言都有独特的语音系统。汉语有汉语的语音系统，韩国语有韩国语的语音系统，英语有英语的语音系统。一个音素这种语言中有，另一种语言中可能没有。同一个音素在不同语言的语音系统中的作用可能不同。

二、语音的性质

语音具有如下三个方面的性质：

(一) 语音的物理性质

声音是一种物理现象，语音是声音的一种，因而也具有物理性质。从物理学角度看，物体受到外力的撞击而发生颤动，这种颤动体振动了周围的空气，就形成一种疏密相间的音波，音波传播到人们的耳朵里，就成为人们能够用听觉器官感受到的声音。

一切声音都具有音高、音强、音长、音色四个要素，语音也具有这四种要素。

1、音高

音高指声音的高低。声音的高低决定于发音体在一定时间内振动次数的多少。在同一时间内，振动次数多(频率大)的声音高，振动次数少(频率低)的声音低。语音的高低同人的声带的长短、厚薄有关。一般来说，女子的声带较男子短些、薄些，所以声音比男子高；同一个人可以发出高低不同的声音，是由于人们能控制自己声带的松紧。声带拉紧，声音高，声带放松，声音低。汉语的声调差别，主要是由“音高”的不同形成的。下面四种不同的声调，就是由音高的变化形成的：

妈——声音高而平；

麻——声音由半高向上升；

马——声音由较低向下降然后又升高；

骂——声音由高往下降。

2、**音强**

音强指声音的强弱。声音的强弱决定于音波震动幅度的大小。音波的震动幅度大，声音就强；音波的震动幅度小，声音就弱。

声音的强弱与撞击物体时力度的大小有关。用力大，物体振动的幅度大，声音就强；反之就弱。普通话里的轻声、重音就是由不同的音强形成的。比如“老子”中的“子”重读与否，意义不同。

3、**音长**

音长是指声音的长短。声音的长短决定于音波持续时间的长短。音波持续时间长，声音就长；音波持续时间短，声音就短。中国广州话里的“三”和“心”两个字读音的差别就在于“三”用的是长元音[a:]，“心”用的是非长元音[a]，前者读[sa:m55]，后者读[sam55]。

4、**音色**

音色是指声音的个性、特色。不同的音色是由于音波振动的形式不同构成的。下面三个条件都可以构成不同形式的音波：

第一，发音体不同。如小提琴的发音体是琴弦，笛子的发音体是笛膜，因而两种乐器的声音不同。

第二，发音方法不同。同样是小提琴，用弓拉和用手指弹，声音不同。

第三，共鸣器形状不同。小鼓和大鼓敲起来声音不同。

以上四要素在不同语言中所起的作用各不相同。如音高在汉语中的作用就非常大，而音强和音长在英语中的作用十分突出。

不同的人发同一个音素，可以有不同的音色，这是因为个人的发音体——声带的长短、厚薄不可能完全相同，个人的发音方法(用力大小、运气方法等)也不一定完全相同，各人口腔、鼻腔等共鸣器的大小更不会完全相等，因此我们可以从声音辨别出不同的人。

(二) 语音的生理性质

语音是由人类的发音器官发出来的声音，因而具有生理性质。人类的发音器官由三大部分组成：

肺脏和气管——发音的动力器官；

声带——发音的主要振动体；

口腔和鼻腔——发音的共鸣器。

发音时，由肺部呼出的气流，从气管到达喉头，颤动声带，经过咽头及口、鼻腔等共鸣体的调节，构成不同的声音，所以说肺脏和气管是发音的动力器官。

人类发音的振动体是长在喉头里的两条有韧性的肌肉带子——声带。两条声带的前端相连，附着在甲状软骨上，后端则分别附着在左右两块杓状软骨上。两条带子中间的缝隙叫声门，声门可以张开或闭合。呼吸时声门打开，气流可以自由通过，不发出声音；讲话时声门闭合，从肺部呼出的气流冲动声带，使之发生振动，就可以构成声音。

人类之所以能发出许多不同的声音，主要是靠共鸣器官的调节作用。共鸣器官包括口腔和鼻腔两大部分。鼻腔是个形状固定的共鸣腔，口腔里有个活动体——舌头。随着口腔的开闭和舌头的活动，可以使共鸣腔的形状发生各种变化，从而使人们发出各种不同的声音来。为了便于学习音素，准确掌握发出各种语音的发音原

理，分析因生理原因而产生的语音变化情况，需要熟悉发音器官的部位和作用并记住它们的名称。（见下图）

发音器官示意图

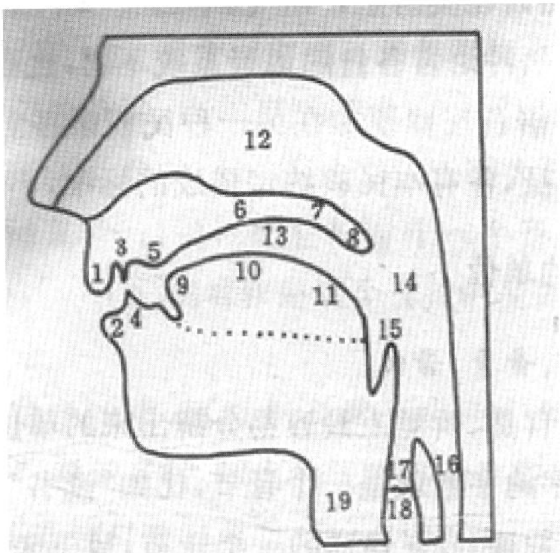

1、上唇	2、下唇	3、上齿	4、下齿
5、齿龈	6、硬腭	7、软腭	8、小舌
9、舌尖	10、舌面	11、舌根	12、鼻腔
13、口腔	14、咽头	15、喉盖	16、食道
17、气管	18、声带	19、喉头	

(三) 语音的社会性质

语音只有结合为词语才能表达意义，而词语的意义是社会赋予的。语音的本质属性是社会性质。

语音的社会性质首先表现在音义结合的关系上。语音能表达意义，但是用什么样的声音表达什么样的意义完全是任意的，取决于社会的约定俗成，二者之间并没有必然的联系。所以各种语言各有特色，同一种语言中的各种方言才各不相同。但某个声音同某个意义一经全社会约定俗成下来，就具有了强制性，任何人都不能随意变动。

语音的社会性质还表现在不同语言具有不同的语音系统方面。汉语、韩国语、英语各自的语音系统明显不同。这种不同显然不是人种不同造成的，只能从语音的社会属性上加以说明。

语音的社会性质还表现在不同的语言或方言具有不同的语音演变规律上。例如，古入声在北京话语音系统中已经消失，而在吴、粤等方言中至今仍保留着。

三、语音的单位

(一) 音素

语音的最小单位叫“音素”。在汉语里除少数音节是由一个音素构成的以外，多数音节是由2-4个音素组成的。例如“先”可以分析出x、i、a、n四个音素，“上”可以分析出sh、a、ng三个音素，它们都是最小的不能再分析的语音单位。

音素可以分两类：元音和辅音。发音时声带振动，气流在口腔和咽头不受明显阻碍的音叫元音。发音时气流在口腔、咽头明显受到阻碍的音叫辅音。如“大地”中的u、i是元音，d 是辅音。元音都比较响亮，辅音有的响亮，如m、n、l、r，有的不响亮，如d、t、g、k。

(二) 音位

在一种具体语言或方言里能够区别意义的最小单位叫音位。如“拉”、“妈”韵母和声调都相同，只有声母l、m不同，靠它区别了两个词的不同意义，所以在普通话中l、m是两个不同的辅音音位。“米”和“母”靠i、u区别了不同意义，所以在普通话中i、u是两个不同的元音音位。“盖”、“大”、“练”、“浪”中都有“a”，但实际发音不同，属于不同的音素，但在普通话中它们不区别意义，所以看作同一个音位，用同一个字母a来表示。

(三) 音节

语音里最自然、听觉上最容易分辨出来的单位叫音节。一般地说，汉语里一个汉字的字音就是一个音节，比如“砍树”两个字就是两个音节。只有少数儿化音音节，写出来是两个字，读起来是一个音节，如“花儿”。

汉语的音节一般由声、韵、调配合而成，但有的音节可以没有声母和韵母，但声调是必不可少的。现代汉语中有一千三百多个音节，如果不管声调，则只有四百多个音节。

四、汉语拼音方案

《汉语拼音方案》是给汉字注音的一套音标方案，是记录汉字字音、推广普通话的语音工具。它是中国的法定拼音方案。1955～1957年中国文字改革委员会“汉语拼音方案委员会”研究制订，1958年2月11日全国人民代表大会批准公布。

《汉语拼音方案》只是一个拼音方案，而不是取代汉字的文字方案。但它是经过语文专家精心设计和各阶层群众讨论后制定的。其功用是多方面的，可以用于帮助人读汉字、统一汉字读音、推广普通话、编制汉语目录和索引等等。因此，自公布以来，深受各界人士的欢迎，其国际影响也越来越大。现在拼音字母已经普遍用于字典、词典的注音，用于各种产品的型号标记，用于辞书和百科全书的条目排列顺序，用于书刊的索引，用于视觉通信和无线电报，用于聋人的手指字母。1977年联合国地名标准化会议采用拼音字母作为拼写中国地名的国际标准。1982年国际标准化组织采用拼音字母作为拼写汉语的国际标准。中国对外书报文件和出国护照中的汉语人名地名一律用汉语拼音字母书写。

《汉语拼音方案》在汉字和汉语教学中发挥着巨大作用。现代汉语语音教学主要是围绕着这个方案的各部分内容展开。

思考与练习

一、什么是语音？语音与自然界声音有什么不同？

二、语音的四要素是什么？汉语里的声调主要和哪个要素相关？

三、语音有哪些属性？本质属性是什么？

四、汉语的音节都包括哪些部分？

五、《汉语拼音方案》的作用有哪些？

第二节

声母

一、声母的性质

汉字字音中开头的辅音音素叫声母。普通话共有二十一个辅音声母，它们是：

b、p、m、f、z、c、s、d、t、n、l、zh、ch、sh、r、j、q、x、g、k、h

不同的辅音声母是由不同的发音部位和发音方法构成的。

发音器官中用以形成阻碍的部位叫发音部位；克服、去除阻碍的方法叫发音方法。发音部位和发音方法是声母分类的主要依据。

需要注意的是，声母都是辅音，但辅音不一定是声母。“ng”是辅音，但它在普通话里不做声母，只做韵尾，如“英雄”二字中的韵尾都是“ng”。此外，“n”在“拿”中做声母，在“兰”中做韵尾。

二、声母的分类

(一) 按发音部位分类

普通话中的二十一个声母共有七种不同的发音部位：

1、双唇音：b、p、m

2、唇齿音：f

3、舌尖前音：z、c、s

4、舌尖中音：d、t、n、l

5、舌尖后音： zh、ch、sh、r

6、舌面音：j、q、x

7、舌根音：g、k、h

(二) 按发音方法分类

普通话中的二十一个声母共有以下五种不同的发音方法：

1、塞音：b、p、d、t、g、k

2、擦音：f、s、sh、r、x、h

3、塞擦音：z、c、zh、ch、j、q

4、鼻音：m、n

5、边音：l

除了上述五种发音方法外，还有以下两种区别声母的发音方法：

6、送气音与不送气音

送气音：发塞音和塞擦音时，有一股强气流冲出的叫送气音。声母中有六个送气音：p、t、k、q、ch、c

不送气音：发塞音和塞擦音时，没有强气流冲出的叫不送气音。声母中有六个不送气音：b、d、g、j、zh、z

7、清音和浊音

发音时声带不振动的叫清音。21个声母中有十七个是清音：b、p、f、z、c、s、d、t、zh、ch、sh、j、q、x、g、k、h。

发音时声带振动的叫浊音。声母中有四个是浊音：m、n、l、r。

(三) 声母的描写与发音

结合以上发音部位和发音方法可以将普通话二十一个声母分别加以描写说明。

b：双唇、不送气、清、塞音

板报　辨别　标兵　背包　白布

半边　奔波　病变　臂膀　包办

p：双唇、送气、清、塞音

评判　澎湃　偏僻　爬坡　偏旁

铺平　拼盘　乒乓　批评　琵琶

m：双唇、浊、鼻音

牧民　麦苗　明媚　美满　命脉

面貌　木马　磨灭　眉毛　买卖

f：唇齿、清、擦音

丰富　分发　肺腑　反复　方法

分房　仿佛　纷繁　非凡　吩咐

z：舌尖前、不送气、清、塞擦音

自尊　曾祖　总则　醉枣　宗族

祖宗　在座　走卒　罪责　造作

c：舌尖前、送气、清、塞擦音

层次　仓促　猜测　草丛　从此

摧残　粗糙　措辞　参差　苍翠

s：舌尖前、清、擦音

思索　诉讼　松散　洒扫　色素

琐碎　三岁　僧俗　飒飒　嫂嫂

d：舌尖中、不送气、清、塞音

电灯　等待　带动　低档　单独

道德　顶端　打的　断定　地点

t：舌尖中、送气、清、塞音

探讨　团体　梯田　天堂　贪图

淘汰　吞吐　体贴　推托　谈吐

n：舌尖中、浊、鼻音

男女　牛奶　恼怒　农奴　能耐

南宁　奶娘　扭捏　泥泞　年年

l：舌尖中、浊、边音

理论　来历　联络　劳力　老练

料理　流利　流连　罗列　恋恋

zh：舌尖后、不送气、清、塞擦音

庄重　政治　争执　主张　装置

专制　指正　真正　助长　制止

ch：舌尖后、送气、清、塞擦音
车窗　车床　长城　乘车　拆除
长处　抽查　出差　穿插　出产

sh：舌尖后、清、擦音
双手　省市　升势　实施　实事
逝世　山水　史诗　上升　涉世

r：舌尖后、浊、擦音
柔软　仍然　容忍　融入　荣辱
忍让　如若　柔弱　扰扰　溶溶

j：舌面、不送气、清、塞擦音
积极　技击　坚决　进军　紧急
接见　基金　急剧　计较　季节

q：舌面、送气、清、塞擦音
轻巧　亲切　请求　齐全　奇趣
弃权　千秋　铅球　亲戚　求签

x：舌面、清、擦音
虚心　星星　行星　喜讯　向心
相信　细心　现象　想象　新鲜

g：舌根、不送气、清、塞音
各个　哥哥　改革　巩固　高贵
公共　规格　骨干　锅盖　尴尬

k：舌根、送气、清、塞音
看看　慷慨　宽阔　苛刻　刻苦
空旷　可靠　苦口　可口　困苦

h：舌根、清、擦音
欢呼　航海　黄河　缓和　合伙
好汉　浩瀚　黄昏　和好　行话

普通话声母表

发音方法 / 声母 / 发音部位			塞音		塞擦音		擦音		鼻音	边音
			清音		清音		清音	浊音	浊音	浊音
			不送气音	送气音	不送气音	送气音				
唇音	双唇音	上唇下唇	b	p					m	
	唇齿音	上齿下唇					f			
舌尖前音	舌尖上齿背				z	c	s			
舌尖中音	舌尖上齿龈		d	t					n	l
舌尖后音	舌尖硬腭前				zh	ch	sh	r		
舌面音	舌面硬腭				j	q	x			
舌根音	软腭		g	k			h		(ng)	

思考与练习

一、什么叫声母？主要依据什么给声母分类？

二、指出下列各字的声母：

打伞（　　）（　　）　打闪（　　）（　　）
战争（　　）（　　）　赞颂（　　）（　　）
突然（　　）（　　）　软弱（　　）（　　）
发表（　　）（　　）　夫人（　　）（　　）
虽然（　　）（　　）　颤抖（　　）（　　）
输入（　　）（　　）　波澜（　　）（　　）
缺点（　　）（　　）　及早（　　）（　　）
了解（　　）（　　）　松懈（　　）（　　）
出租（　　）（　　）　工厂（　　）（　　）
知青（　　）（　　）　穿插（　　）（　　）

三、根据发音条件写出相应的声母：

舌尖中送气清塞音（　　）
舌尖前清擦音（　　）
双唇不送气清塞音（　　）
舌面清擦音（　　）

四、写出下列声母的发音条件：

zh（　　　　　　　　）
f（　　　　　　　　）

g　(　　　　　　　　　　)

c　(　　　　　　　　　　)

五、指出下列各对声母的不同点：

t___r：

k___j：

f___r：

g___d：

六、读准下列各字的声母：

擦拭　吵嚷　成材　出任　茶水　车次

诚然　涨潮　财产　庄重　超人　丛书

从属　造纸　撤职　朝政　神速　招生

暂时　草纸　陈醋　失算　忍让　参展

制成　称职　超生　丧失　赤诚　柔弱

速度　结束　插手　长足　诗词　资产

打扰　扰乱　让步　然而　值日　绕圈

缠绕　如若　理疗　恋恋　凉爽　柔软

肉汁　日产　尖锐　锐利　律师　识字

七、注出下列各句中各字的声母

1、春节是中国的传统节日？

(　　　　　　　　　　)

2、自行车出毛病的时候你去什么地方修理？

(　　　　　　　　　　　　　　　　)

3、留学生们经常在路边买小吃吗？

（ ）

4、自从骗到郑寄松的巨款后，刘娜多次持假护照去香港赌博。

（ ）

5、她冷静地说："我知道他们来干什么，没你的事，我跟他们走。"

（ ）

八、快读拗口令。

1、树上有四十四个涩柿子，树下有四十四个石狮子，四个十四岁的小孩子坐在石狮子上数柿子。四是四，十是十，十四是十四，四十是四十。谁能数准四十四，请你过来试一次。

2、小牛放学去打球，踢倒老刘一瓶油。小牛回家取来油，向老刘道歉又赔油。老刘不要小牛还油，小牛硬要把油还给老刘。老刘夸小牛，小牛直摇头。你猜老刘让小牛还油，还是不让小牛还油。

3、梅小卫叫飞毛腿，卫小辉叫风难追。两人参加运动会，百米赛跑快如飞。飞毛腿追风难追，风难追追飞毛腿。梅小卫和卫小辉，最后不知谁胜谁。

第三节

韵母

一、韵母的性质

汉字字音中声母后面的成分叫韵母。普通话共有四十个韵母：

a、o、e、ê、i、u、ü、-i（前）、-i(后)、er

ia、ua、uo、ie、io、üe、ai、uai、ei、uei、ao、iao、ou、iou

an、ian、uan、üan、en、in、uen、ün

ang、iang、uang、eng、ing、ueng、ong、iong。

韵母可以由一个元音音素充当，也可以由二至三个元音音素充当。构成一个韵母的音素中，开口度最大的叫“韵腹”如“iao”、“ueng”中的“a”、“e”；韵腹前面的音素叫韵头，如上述两个韵母中的“i”、“u”；韵腹后面的音素叫“韵尾”，如上述两个韵母中的“o”、“ng”。由一个元音音素构成的韵母，这个音素就是韵腹。韵母可以没有韵头和韵尾，但韵腹是必不可少的。如“ai”、“ei”没韵头，“ua”、“uo”没有韵尾。

二、韵母的分类

韵母可以从内部结构特点和开头元音发音唇形两个方面进行分类。

（一）按内部结构特点分类

1、单韵母

由一个元音构成的韵母叫单韵母。普通话有十个单韵母，即：

a、o、e、ê、i、u、ü、-i（前）、-i(后)、er

这十个音素又分为舌面元音、舌尖元音和卷舌元音三类。

（1）舌面元音

指由舌面与上颚起节制作用构成的元音。普通话十个单韵母中有七个是舌面元音。

分析元音有三个条件：

① 舌位的高低

发音时，舌面距离上腭近（口腔开度小）为“高”，距离上腭远（口腔开度大）为“低”。通常把舌位的高低分为四度：

高元音：舌面距离上腭最近，口腔开度最小。七个舌面元音中的i、u、ü都是高元音。

半高元音：舌面距离上腭稍近，口腔开度略大于高元音。七个舌面元音中的e、o 都是半高元音。

半低元音：舌面距离上腭较远，口腔开度大于半高元音。七个舌面元音中的ê就是半低元音。

低元音：舌面距离上腭最远，口腔开度最大。七个舌面元音中的a就是低元音。

② 舌位的前后

发音时，舌面隆起的部位在前的叫“前元音”，隆起的部位在后的叫“后元音”。

根据舌位的前后七个舌面元音分属以下三类：

前元音：i、ü、ê

央元音：a

后元音：e、u、o

③ 圆唇与不圆唇

发音时，嘴唇拢圆的叫“圆唇”，反之叫“不圆唇”。根据圆唇与否七个舌面元音分属以下两类：

圆唇元音：u、ü、o

不圆唇元音：i、ê、a、e

⑵舌尖元音

指由舌尖起节制作用构成的元音。普通话十个单韵母中有两个是舌尖元音，即舌尖前元音-i（前）和舌尖后元音-i[后]。这两个元音在普通话中都不能单独构成音节，只能分别与声母z、c、s和zh、ch、sh、r组合构成音节，而舌面元音的i不能与这两类声母组合，所以这两个舌尖元音在《汉语拼音方案》里都写作i。

(3)卷舌元音

发音时舌头上卷，普通话中只有一个卷舌元音er.

按照以上分析元音的三个条件，普通话十个单韵母可以分别描写如下：

a：舌面央、低、不圆唇元音
发达　大厦　沙发　哪怕
大坝　打靶　哈达　拉萨

o：舌面后、半高、圆唇元音
婆婆　默默　伯伯　勃勃
磨破　薄膜　泼墨　磨墨

e：舌面后、半高、不圆唇元音
客车　合格　色泽　特色
各个　可贺　舍得　割舍

ê：舌面前、半低、不圆唇元音
欸
除叹词“欸”（可用四个声调发音）以外，ê主要是与i、ü构成复韵母。

i：舌面前、高、不圆唇元音
笔记　积极　奇迹　地皮
提议　立即　起义　基地

u：舌面后、高、圆唇元音
突出　图书　初步　住处
出租　祝福　服务　舒服

ü：舌面前、高、圆唇元音
序曲　区域　语句　聚居
旅居　女婿　居于　区区

-i（前）：舌尖前、高、不圆唇元音
自私　此次　自此　字词
私自　刺死　孜孜　四字

-i(后)：舌尖后、高、不圆唇元音
实施　事实　支持　只是
食指　知识　逝世　日食

er：卷舌、央、中、不圆唇元音
而且　儿童　耳朵　耳语
偶尔　十二　女儿　男儿

单韵母是韵母的基础。普通话的四十个韵母分别由十个单韵母再加n、ng两个鼻音音素组成。因此，要学好普通话的韵母，首先要掌握好单韵母。

2、复韵母

由两个或三个元音音素构成的韵母叫复韵母，又叫复元音韵母。两个元音音素组成的叫二合元音，三个元音音素组成的叫三合元音。普通话有十四个复韵母，即：

ai、ei、ao、ou、ia、ie、io、ua、uo、üe、iao、iou、uai、uei。

按照韵母中韵腹所在的位置不同，复韵母可分为前响、后响、中响三类：

（1）前响复韵母

主要元音在前的二合元音：韵腹+韵尾。

普通话里共有四个前响复韵母：

ai：

开采　爱戴　买卖　白菜

海带　摆开　灾害　再来

ei：

配备　黑妹　肥美　北非

没给　霏霏　没累　飞贼

ao：

报告　高潮　吵闹　逃跑

牢靠　招考　早操　劳保

ou：

口头　勾手　收购　守候

后头　欧洲　走狗　手头

（2）后响复韵母

主要元音在后的二合元音：韵头+韵腹。

普通话里共有六个后响复韵母：

ia：

假牙　加俩　下嫁　家家

恰恰　加价　下家　家鸭

ie：

爹爹　姐姐　结业　切切

贴切　界别　铁鞋　斜街

ua：

挂画　耍滑　画画　刷刷

花袜　娃娃　挂花　哗哗

uo：

过错　罗锅　活捉　多国

懦弱　蹉跎　骆驼　哆嗦

üe：

雪月　月月　绝学　约略

雀跃　决绝　月缺　略略

io：

哟（叹词）

哼唷　杭育　嗨哟　（集体劳作时一起呼喊的声音）

（3）中响复韵母

主要元音在中间的三合元音：韵头+韵腹+韵尾。

普通话里共有四个中响复韵母：

iao：

巧妙　教条　逍遥　飘摇

苗条　小鸟　小巧　较小

iou：

优秀　牛油　求救　久留

悠久　酒友　久久　丢球

uai：

摔坏　外快　歪歪　乖乖

怀揣　拐坏　快甩　外踝

uei：

水位　回味　溃退　归队

摧毁　对谁　对味　尾随

3、鼻韵母

由一个或两个元音音素再加一个鼻音（n或ng）音素构成的韵母叫鼻韵母。普通话里共有十六个鼻韵母，即：

an、ian、uan、üan、en、in、uen、ün

ang、iang、uang、eng、ing、ueng、ong、iong

（1）前鼻尾韵母

由元音加鼻音n构成的韵母，普通话里共有八个：

an：
展览　汗衫　散漫　感叹
难看　难堪　漫谈　反感

ian：
连绵　简便　偏见　电线
天仙　天险　鲜艳　片面

uan：
贯穿　转弯　专断　还款
乱转　团团　宽缓　贯串

üan：
源泉　全员　远远　圈选
渊源　全权　劝捐　全院

en：
根本　认真　沉闷　愤恨
深沉　振奋　本分　人参

in：
拼音　亲近　尽心　金银
亲信　民心　贫民　辛勤

uen:

论文　昆仑　温存　温顺
困顿　问问　蠢蠢　闻闻

ün:

军训　均匀　军运　云云
熏熏　寻询　云君　俊勋

（2）后鼻尾韵母

由元音加鼻音ng构成的韵母，普通话里共有八个：

ang:

厂方　长方　帮忙　厂长
商场　上当　方糖　纲常

iang:

响亮　两样　奖项　想象
湘江　两辆　粮饷　亮相

uang:

状况　黄庄　狂妄　黄光
荒框　框框　王爽　慌慌

eng:

更冷　生成　丰盛　风声
更正　登程　冷风　风筝

ing:

宁静　星星　评定　命令
情形　清醒　倾听　蜻蜓

ueng:

嗡嗡　老翁　不倒翁　瓮中捉鳖

ong：

隆重　空洞　红松　从容

共同　工农　总统　动工

iong：

汹涌　穷凶　炯炯　熊熊

（一）按韵头情况分类

按照韵头的有无和韵头的异同，普通话四十个韵母可以分为如下四类：

1、开口呼

开口呼韵母指不是由i、u、ü作韵头的韵母。普通话共有十五个开口呼韵母，即：

-i（前）、-i（后）、a、o、e、ê、er、ai、ei、ao、ou、an、en、ang、eng。

2、齐齿呼

齐齿呼韵母是指由i单独充当韵母或i作韵头的韵母。普通话共有十个齐齿呼韵母，即：

i、ia、ie、io、iao、iou、ian、in、iang、ing。

3、合口呼

合口呼韵母是指由u单独充当韵母或u作韵头的韵母。普通话共有十个合口呼韵母，即：

u、ua、uo、uai、uei、uan、uen、uang、ueng、ong。

4、**撮口呼**

撮口呼韵母是指由ü单独充当韵母或ü作韵头的韵母。普通话共有五个撮口呼韵母，即：

ü、üe、üan、ün、iong。

按照四呼对韵母的分类，有几个与字母表面形式不相符的，即-i（前）、-i(后)、ong、iong。这几个音是按照实际发音分别归类的。

普通话韵母表

按口形分 按结构分	开口呼	齐齿呼	合口呼	撮口呼
单韵母	-i（前） -i（后）	i	u	ü
	a	ia	ua	
	o	io	uo	
	e			
	ê	ie		üe
	er			
复韵母	ai		uai	
	ei		uei	
	ao	iao		
	ou	iou		
鼻韵母	an	ian	uan	üan
	en	in	uen	ün
	ang	iang	uang	
	eng	ing	ueng	
			ong	iong

三、押韵

诗歌或戏剧、曲艺唱词中的每句或间句末尾用上韵母相同的或相近的字就叫“押韵”。由于押韵的字放在句子末尾，故又可把押韵的字叫“韵脚”。

文章押了韵，句与句之间有了语音上的回环往复，不仅和谐动听、富有节奏感，而且容易记忆。押韵的“韵”与“韵母”不完全相等。几个句子末尾字的韵母相同叫押韵，除此之外只有韵腹和韵尾相同或韵腹相同韵尾相近也叫押韵。如“白日依山尽，黄河入海流。欲穷千里目，更上一层楼。”中二句末尾的“流”字韵母是iou,四句末尾的“楼”字的韵母是ou，两字韵母并不相同，但二者是押韵的，因为两个字的韵腹和韵尾相同。按照这个原则，普通话的三十九个韵母被分为十八个韵部，即“十八韵”。

此外，戏曲界习惯上把戏曲唱词中的“韵”叫做“辙”。合辙也就是押韵的意思，但合辙比押韵的范围更宽泛一些，通行的是把所有的韵母归为“十三辙”。

现将十八韵、十三辙及其与普通话韵母的对应关系列表如下：

十八韵	普通话韵母	十三辙
麻	a ia ua	发花
波	o uo io	坡梭
歌	e	
皆	ê ie üe	乜斜
模	u	姑苏
支 儿 鱼 齐	-i（前）、-i（后） er ü i	一七
开	ai uai	怀来
微	ei uei	灰堆
豪	ao iao	遥条
侯	ou iou	油求
寒	an ian uan üan	言前
痕	en in uen ün	人辰
唐	ang iang uang	江阳
庚 东	eng ing ueng ong iong	中东

思考与练习

一、请写出普通话的全部韵母。

二、指出下列单韵母元音的发音条件：

a：

e：

u：

-i(后)

i：

ü

三、根据所提供的发音条件，写出相应的单韵母：

舌面后、半高、圆唇元音（ ）

舌面前、半低、不圆唇元音（ ）

舌尖前、高、不圆唇元音（ ）

卷舌、央、中、不圆唇元音（ ）

四、指出下列各组音在发音上的不同点。

o__u

i__ü

e__o

u__ü

五、指出下列各韵母中的韵头、韵腹、韵尾（三项不齐全的，只写出有的项目）：

i　ia　ua　uo　ie　ei

er　iao　ian　ün　iang　ao

六、用符号“√”标出韵母为后响复元音韵母的字？

九　说　谁　写　家　眼　回

过　学　够　早　类　要　来

七、什么是四呼？四呼是按什么条件划分的？

八、下列各字的韵母各属于“四呼”中的那一呼：

穷（　　）　吃（　　）

力（　　）　皇（　　）

姐（　　）　区（　　）

留（　　）　桌（　　）

车（　　）　句（　　）

刚（　　）　字（　　）

石（　　）　卷（　　）

恶（　　）　圆（　　）

九、读准下列各字的韵母：

韵律　均匀　巡游　语句　越权　全权

据说　语源　源泉　雪月　局域　曲剧

决绝	节节	姐姐	雀跃	虚誉	聚居
熏晕	群居	群聚	预选	选举	拒绝
学学	区区	寓于	御苑	鱼卷	解穴
群众	牵动	浪漫	艰难	英雄	勇敢
欢送	动容	空军	人群	拼音	深浅
公审	呻吟	冲锋	隐藏	新疆	云南
笼统	韩中	疼痛	前行	松动	隆重

十、注出句中各字的韵母

1、儿童是祖国的希望。

2、语法规律当然不是一成不变的，不过，跟语音和词汇相比，它的发展变化缓慢得多。

3、世界成了一张雄健美丽的脸，脸上写着一个字："爱"。

4、波涛汹涌的大海，张着气吞山河的大嘴，唱着比女高音还动听的小曲。

5、孩子带给这个世界的幸福难道不比他们得到的要更多一些吗？

十一、读准下面的拗口令。

1、班干部管班干部。

2、吃葡萄不吐葡萄皮，不吃葡萄倒吐葡萄皮。

3、桌上放个盆，盆里放着瓶，乒乒乓，乓乓乒，不知是瓶碰盆，还是盆碰瓶。

4、东洞庭，西洞庭，洞庭山上一根藤，藤上挂铜铃。风吹藤动铜铃动，风停藤定铜铃静。

5、出南门，走六步，见着六叔和六舅，叫声六叔和六舅，借我六斗六升好绿豆；过了秋，打了豆，还我六叔六舅六斗六升好绿豆。

十二、阅读古诗，体会韵律。

1、孟浩然《春晓》

春眠不觉晓，
处处闻啼鸟。
夜来风雨声，
花落知多少。

2、李白《静夜思》

床前明月光，
疑是地上霜。
举头望明月，
低头思故乡。

3、苏轼《题西林壁》

横看成岭侧成峰，
远近高低各不同。
不识庐山真面目，
只缘身在此山中。

第四节

声调

一、声调的性质和作用

声调是指读每个汉字时声音的高低升降变化。汉语里每个汉字都有一个固定的声调。

从物理的角度看，声调与音强、音长都有关系，但主要是由相对音高的变化决定的。每个人的绝对音高都不一样，即使是同一个人，在激动时说话的绝对音高比平静时说话的绝对音高要高许多，但这种绝对音高在语言中没有区别意义的作用。相对音高是指用比较的方法确定的统一基调的音高变化形式和幅度，这种相对音高才具有区别意义的作用。比如“七”、“奇”、起”、气”这四个字，说普通话的人，无论是女人、男人还是孩子，也不管读的人情绪正常与否，在自己的音域范围内，总能读出四种不同的音高变化来。这四种不同音高变化的差异是相互比较出来的，而不是绝对的。说普通话的人相互之间都能根据对方的读音判断出对方读的是哪一个声调。

声调在汉语里有区别意义的作用。比如“麻妈妈骂马”这句话里每个字的声母、韵母都相同，唯一的区别就是声调的不同，这种不同区别了不同的意义。再如“通知”(tōngzhī)、“同志”（tóngzhì）、“统治”（tǒngzhì）这三个词的不同主要也是由声调的不同决定的。

此外，有时候声调还能够区别词性。如“他好读书”中的“好”（hào）是动词，表示喜欢的意思，“这是一本很好的书”中的“好”（hǎo）是形容词，表示“优点多的、使人满意的”意思，这两个“好”在词性和意义上都完全不同。

可见，在汉语里，声调具有非常重要的作用，也是汉语区别于其他语言的特点之一。学习汉语，必须下功夫学好汉语的声调，否则别人可能听不懂你的话，甚至可能造成误解。

现代汉语有着多种方言、次方言、次次方言，声调的情况也大不相同。以北京话为代表的北方方言，大都只有四个声调，但也有的只有三个声调，如山东的烟台话，辽宁的庄河话等，有的有五个声调，如山西的太原话。其他方言的情况更为复杂，如广州话多达九个声调（阴平、阳平、阴上、阳上、阴去、阳去、上阴入、下阴入、阳入）。

二、调类和调值

声调包括调值和调类两个方面。

“调值”是指音节读音高低、升降、曲折、长短的具体变化值。

“调类”是声调的类别，即把调值相同的音节归在一起所建立起来的类别。在同一种语言或方言里，有几种不同的调值，就有几种不同的调类；有几个不同的调类，也就意味着必定有几种不同的调值。

（一）调类

普通话共有四个调类，分别是阴平、阳平、上声、去声，也常叫第一声、第二声、第三声、第四声，也就是人们常说的“四声”。

现代汉语各方言的调类系统都是由古代汉语沿袭下来的。古代汉语有“平声、上声、去声、入声”四个声调，演变到现代汉语，普通话只保留了古代汉语平声、上声、去声三个声调。平声按照古平声字声母的清浊分成阴平（清声母）、阳平（浊声母）两类，由此形成了普通话的四声。古代入声字不再成为一个独立的调类，已分别归并到今阴平、阳平、上声、去声里了。但各方言声调沿袭情况各不相同，因而形成各不相同的方言声调系统。所以各方言调类相同的，调值不一定相同。如沈阳话也有阴平、阳平、上声、去声四个声调，沈阳话的阴平调值是33、上声213、去声41，只有阳平调值与普通话相同，都是35调。同样，调值相同的，所属调类也不一定相同。如西安话也有55调，但属于去声字，而不是阴平字（西安话的阴平字的调值是31）。就是说，在西安话里的“他去”读得类似“踏区”。

（二）调值

普通话有四种不同的调值。

调值的具体描写一般采用“五度标记法”。画一条竖线，将它分五等份，分别表示低、半低、中、半高、高，然后再在竖线的左边用横线、斜线、曲线，表示相对音高的变化形式。普通话四个声调的调值可描写如下：

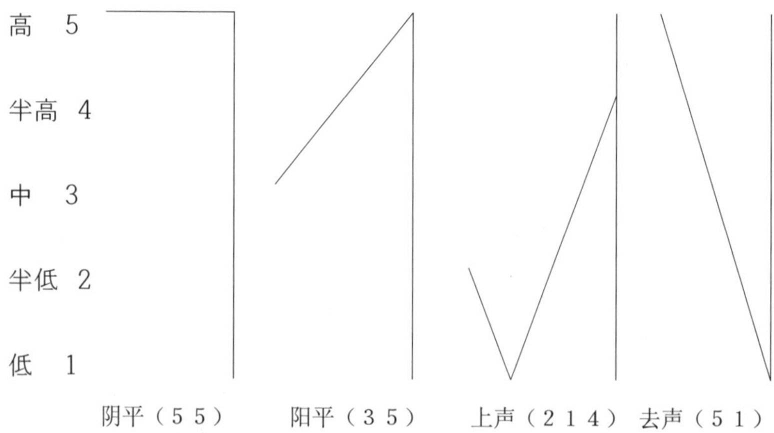

普通话的阴平调发音时声音高而平，是个“高平调”，标在五度座标上是由5到5，又叫“55”调。下列各字的声调都是“高平调”：

春　天　花　开　江　山　多　娇

湘　江　风　声　天　天　翻　书

普通话的阳平调发音时声音由较高往上升，是个“高升调”，标在五度座标上是由3到5，又叫“35”调。下列各字的声调都是“高升调”：

人　民　勤　劳　群　情　昂　扬

明　年　还　钱　民　营　邮　局

普通话的上声发音时声音先由半低往下降，然后又升至半高，是个“降升调”，标在五度座标上是由2降到1再上升到4，又叫“214”调。下列各字的声调都是“降升调”：

马 打 好 老 少 脚 搞 小

早 晚 捡 脸 喊 懒 版 管

普通话的去声发音时声音由高一直往下降到底，是个“全降调”，标在五度座标上是由5降到1，又叫“51”调。下列各字的声调都是“全降调”：

快 乐 进 步 胜 利 在 望

大 干 快 上 会 议 记 录

以上四个调值特点可以用“一平、二升、三曲、四降”来概括。

《汉语拼音方案》规定，阴平字的声调符号是“ˉ”；阳平字的声调符号是“ˊ”；上声字的声调符号是“ˇ”；去声字的声调符号是“ˋ”。很明显，这些声调符号标示的高低升降，就是上述五度座标上标示的普通话的声调定型走向。

声调符号标在汉语拼音字母上是有一定位置的。就一个音节而言，声调符号要标在“韵腹”（主要元音）上。如“上海”的拼音写作shànghǎi，调号都标在韵腹a上。当元音i上有声调符号时，可将i上的一点省去，如“大地”的声调写作dàdì。轻声音节不标调，如“孩子”写作háizi。

三、声调的运用

声调不仅有区别意义的作用，还有很好的修辞作用，所以诗文中一般都讲究平仄。“平”指古四声的平声（包括普通话中的阴平和阳平字）；“仄”指古四声的上、去、入三声。普通话中的上声和去声字属于仄声字，古入声字已分别归并到今阴平、阳平、上声、去声中去了，一般人分辨起来不太容易。写作诗词歌赋时，为了求得声音的美感，不仅要讲究押韵，还要讲究声调和谐，让平仄声调交错出现，朗读起来就会抑扬起伏，形成一种声律的美感。例如：

横　眉　冷　对　千　夫　指，
平　平　仄　仄　平　平　仄
俯　首　甘　为　孺　子　牛。
仄　仄　平　平　平　仄　平

（鲁迅《自嘲》）

这两句诗句横看平仄相间，竖看平仄相对，读起来琅琅上口，有一种韵律美，增加了艺术感染力。

写诗如此，写文章也应该适当注意声调的配合。一平到底，或一仄到底，显得单调，缺乏美感。如“天天吃喝”、“金欢锡”、“杜建冠”等。

有一种修辞格叫对偶，由两两相对、字数相等、句法相似、平仄相对、意义相关的两个词组或句子构成。例如：

满招损，谦受益。

言必信，行必果。

海内存知己，天涯若比邻。

黑发不知勤学早，白首方悔读书迟。

屋漏更遭连夜雨，船破又遇顶头风。

思考与练习

一、什么是调类？普通话有哪几种调类？

二、普通话的调值可分哪几种？

三、现代汉语各方言的调类相同，调值也一定相同吗？

四、按照普通话阴平、阳平、上声、去声的顺序填写汉字。

ma:　（　）（　）（　）（　）

jia:　（　）（　）（　）（　）

xie:　（　）（　）（　）（　）

du:　（　）（　）（　）（　）

qi:　（　）（　）（　）（　）

zhi:　（　）（　）（　）（　）

fei:　（　）（　）（　）（　）

hui:　（　）（　）（　）（　）

qiao:　（　）（　）（　）（　）

chang:　（　）（　）（　）（　）

shen: (　) (　) (　) (　)
feng: (　) (　) (　) (　)
pin: (　) (　) (　) (　)
xing: (　) (　) (　) (　)
qian: (　) (　) (　) (　)
xiang: (　) (　) (　) (　)
xuan: (　) (　) (　) (　)
chuan: (　) (　) (　) (　)
chuang: (　) (　) (　) (　)
hong: (　) (　) (　) (　)

五、声调发音练习。

一 移 以 义　屋 无 五 物
低 敌 底 地　知 直 只 至
烟 严 眼 验　夫 福 腐 负
呼 湖 虎 护　猪 竹 主 住
晕 云 允 运　失 时 使 是

山河锦绣　身强体壮　英雄好汉　花红柳绿
阴阳上去　编排有序　光明磊落　胸怀广阔
资源满地　开足马力　悠扬美妙　非常好记
风调雨顺　双管齐下　能工巧匠　百步穿杨
掌上明珠　万马奔腾　畅通无阻　感恩戴德

六、用调号把下列各字的声调标出来：

教室（　　　　）亚洲（　　　　）气氛（　　　　）

鲜血（　　　　）茶几（　　　　）呼吸（　　　　）

拼音（　　　　）疾病（　　　　）即使（　　　　）

幸福（　　　　）处理（　　　　）心病（　　　　）

看管（　　　　）连累（　　　　）喝彩（　　　　）

创伤（　　　　）虽然（　　　　）差错（　　　　）

穴位（　　　　）提供（　　　　）高血压（　　　　）

七、试将下列诗句中各字的平仄标示出来：

（1）攻城不怕坚，

攻书莫畏难。

科学有险阻，

苦战能过关。

（2）青海长云暗雪山，

孤城遥望玉门关。

黄沙百战穿金甲，

不破楼兰终不还！

第五节

音节

一、音节的结构与特点

音节是语音的基本结构单位，是依据发音时肌肉松紧交替而划分出来的最自然、听觉上最容易分辨的语音片断。一般的说，一个汉字就是一个音节。汉语的音节通常由“声母”、“韵母”、“声调”三部分组成，其中韵母又可分为“韵头”、“韵腹”、“韵尾”三部分，所以汉语的音节结构可分为“声母、韵头、韵腹、韵尾、声调”五个部分。但并非所有音节都具有五个部分。如“脸liǎn”这个音节中包含“声母、韵头、韵腹、韵尾、声调”五个部分，而“哪nǎ”这个音节只有声母、韵腹和声调三部分，“啊ā”只有韵腹和声调两部分。

普通话音节结构表

结构 例字	声母	韵母			声调
		韵头	韵腹	韵尾	
里	l		i		上声
而			er		阳平
尖	j	i	a	n	阴平
饿			e		去声
开	k		a	i	阴平
红	h		o	ng	阳平
双	sh	u	a	ng	阴平
妥	t	u	o		上声
问		u	e	n	去声

由上表可以看出，汉语的音节结构有以下几个特点：

1、音节中可以没有声母、韵头、韵尾，但不能没有韵腹和声调。

2、汉语的音节结构由一至四个音素组成，其中元音占优势。一个元音加上声调可以构成一个音节，但辅音（包括声母和辅音韵尾）必须和元音结合后才能构成音节。因而汉语里乐音居多，听起来响亮悦耳。

3、汉语音节结构中的声母都由辅音充当，韵头、韵腹都由元音充当，韵尾可以由元音充当，也可以由辅音（n、ng）充当。

4、在汉语的音节结构中，辅音只出现在音节的开头（声母）和末尾（辅音韵尾），不用在音节中间。因而音节结构简明，易于区分。

5、汉语里每个音节都有声调，不同声调音节交错搭配，抑扬顿挫，富于变化，增强了语音的音乐节奏感。

二、声、韵、调的配合关系

（一）普通话的声、韵配合关系

汉语的音节大都由声母和韵母组合而成，而且其配合是有一定规律的。违背这些规律拼写出来的音就不是普通话语音。如普通话中韵母“i”不能与声母z、c、s相拼，如果把“星星xīngxīng”读成sīngsīng，就不是普通话的读音，因而是错误的。从下面这个简表可以看出普通话声韵配合的基本规律。

普通话的声、韵配合简表

韵母 / 声母		开口呼	齐齿呼	合口呼	撮口呼
双唇	b p m	巴	比	不（限u）	
唇齿	f	发		福（限u）	
舌尖前	z c s	杂		租	
舌尖中	d t	大	地	读	
	n l	拿	你	努	女
舌尖后	zh ch sh r	炸		祝	
舌面	j q x		几		句
舌根	g k h	可		哭	
零声母	零	阿	衣	物	语

由上表可以看出，普通话声母和韵母的配合关系有以下几个特点：

1、双唇声母b、p、m可以同开口呼、齐齿呼、合口呼（限于u）韵母相拼，不同撮口呼韵母相拼。

2、唇齿声母f可以同开口呼、合口呼（限于u）韵母相拼，不同齐齿呼、撮口呼韵母相拼。

3、舌尖前、舌尖后两组声母z、c、s、zh、ch、sh、r可以同开口呼、合口呼韵母相拼，不同齐齿呼、撮口呼韵母相拼。

4、舌尖中声母d、t可以同开口呼、齐齿呼、合口呼韵母相拼，不同撮口呼韵母相拼。

5、舌尖中声母n、l拼合能力最强，可与开口呼、齐齿呼、合口呼、撮口呼四类韵母相拼。

6、舌面声母j、q、x只同齐齿呼、撮口呼韵母相拼，不同开口呼、合口呼韵母相拼。

7、舌根声母g、k、h只同开口呼、合口呼韵母相拼，不同齐齿呼、撮口呼韵母相拼。

总的来说，普通话开口呼韵母的配合能力最强，除三个舌面声母外，和其他声母都能配合，所以开口呼韵母数目最多。撮口呼韵母只有五个，又只能与六个声母相拼，因此出现频率很低，不到总频率的百分之五。

另外需要说明的是，上面的简表只能说明普通话声韵配合关系的概貌，并没有反映出每个声母和韵母的配合细节。如er虽然是开口呼韵母，但不能和任何声母配合。再如我们说舌尖中声母d可以与合口呼韵母相拼，但它不能与uang相拼，没有duang这个音。

（二）普通话的声、韵、调配合关系

普通话400多个基本音节不是每个音节都能配上四个声调的。总的来说，可以概括为两种情况：

1、声韵拼合，四声齐全。

这样的音节数量不多，只有156个，其中由声母t、l、h、p、q、x构成的音节四声齐全的最多。如t能同ai、an、ang、ao、i、ian、iao、ing、ong、ou、u、uan、uei、uen、uo等15个韵母拼出四声齐全的音节来。由声母r、s、z、k构成的音节，四声齐全的最少。

2、声韵相拼，四声不全。

这种情况占大多数。其中缺一个的比较多。例如b同en相拼缺阳平音节。

零声母音节中除了an、ang、en、eng、er、ou、uai、ueng、uo、üe之外其余零声母自成音节都四声齐全。如“凹āo、熬áo、袄ǎo、澳ào”、“压iā、牙iá、哑iǎ、亚ià”。

三、音节的拼读

拼读就是拼音，也就是把声母、韵母拼合成字音（音节）。

汉语拼音字母是用来为汉字注音的。我们在使用这套符号时，既要有把声母、韵母拼合成字音的能力，也要有从字音中分析出声、韵的能力，这样才能按照别人注的音学会自己原来不会读的字

音，还可以为自己认得的字注音，帮助别人识字。

有个拼音口诀叫“前音轻短后音重，两音相碰猛一冲”，“前音轻短”是说拼音时，声母要读得轻些、短些，也就是要读声母的本音，不要读呼读音。否则，“爸爸”bàba这样的音节就可能念成boàboa。“后音重”是说拼音时，韵母要比声母读得重些。“两音相碰猛一冲”是说拼音时声母和韵母之间不要留空隙，即中间不能有停顿，否则就不是一个音节了。如kuài（快）若断开读，就成了ku_ài(酷爱)了。

具体拼读方法有如下几种：

1、整体认读

就是把一个音节作为一个整体读出来。如zi、ci、si、zhi、chi、shi、ri就适合于用整体认读法，因为舌尖韵母-i（前）、-i(后)单发较难。

2、声韵两拼

就是把音节分成声母和韵母两部分，依次连续拼读。如b-a-bā(八)。

3、三拼连读

就是把音节分成声母，（介音）韵头，韵腹、韵尾三部分，依次连续拼读。适合于有韵头的韵母。如k-u-áng-kuáng(狂)。

4、声介合拼

把声母和韵头放在一起，再跟后面的韵腹或韵腹加韵尾相拼。

如ji-ā-jiā(家)，du-àn-duàn(断)。

声调读法有两种。一种是数调法，就是按阴平、阳平、上声、去声的次序数下去，数到这个音节的声调为止。如jià(假)—jiā—jiá—jiǎ—jià。另一种是定调法，就是把韵母和声调当作一个整体看待，拼读时，用声母同带有声调的韵母相拼。如h-án-hán。

四、音节的拼写

《汉语拼音方案》对音节的拼写作了明确的规定。

（一）分清i、-i

“i”这个字母代表三个音素，一个是单元音韵母i；一个是zi（资）的韵母-i（舌尖前元音）；一个是zhi（知）的韵母-i（舌尖后元音）。

i、-i在字音中都写作i，但在z、c、s后面的是-i(舌尖前元音)，在zh、ch、sh、r后面的是-i(舌尖后元音)。

（二）分清e、ê

“e”这个字母代表两个音素，一个是e（鹅）；一个是ie(夜)、ue（yue约）两个复韵母中后面的元音音素。这两个音素。第一个单独写作e，后一个单独写作ê（欸）。但ê在i、ü后面也写作e。如“姐姐”jiějie、“绝学”juéxué。

（三）y、w的用法

1、i、u单独组成字音时，i、u前加y、w。如：

i(衣)——yi

u(屋)——wu

2、i出现在字音开头，该字音中除i外没有别的元音时，i前加y。如：

in(因)——yin

ing(英)——ying

3、i、u出现在字音开头，该字音中除i、u外还有别的元音时，将i、u换成y、w。如：

ia(鸭)——ya　iang(央)——yang

uo(我)——wo　uang(汪)——wang

4、ü单独组成字音或出现在字音开头时，都写成yu。如：

ü（迂）——yu

üan(冤)——yuan

（四）ü上两点的省略

在普通话语音中，u不同j、q、x相拼，因此同j、q、x相拼的ü，要省去上面的两点。如：

jü(居)——ju

qü(区)——qu

xü(需)——xu

（五）iou、uei、uen的省写

iou、uei、uen前面拼有声母时，省写成iu、ui、un。如：

niou(牛)——niu

zhuei(追)——zhui

chuen（春）——chun

（六）隔音符号的使用

a、o、e开头的字音，按词儿连写时，为了不同前面一个字音界限混淆，用隔音符号“’”隔开。如：

飘piao——皮袄pi’ao

先xian——西安xi’an

快kuai——酷爱ku’ai

（七）连写和大写

《汉语拼音方案》是为汉字注音设计的，一般地说，不存在连写与大写的问题，因而方案并未对此作出明确的规定，可是，有时人们给成段的文章注音，就会遇到这个问题。在这一问题上，人们通常是仿照拉丁字母的习惯用法处理的。

1、词内连写

在句子中，每一个词作一个拼写单位。如：

他们　　正在　　学习　　普通话。

Tāmen　zhèngzài　xuéxí　pǔtōnghuà

2、**字母大写**

句子中头一个词的第一个字母要大写。如：

我们　要　去　上课。

Wǒmen　yào　qù　shàngkè

专有名词头一个字母（或全部）用大写字母。如：

北京	启明大学	中国人
Běijīng	Qimingdaxue	Zhōngguōrén

河北省

HEBEI SHENG

汉语人名姓和名分写，姓和名的开头字母大写。如：

鲁迅	朴兴炫
Lǔ Xùn	Piáo Xīngxàun

思考与练习

一、举例说明汉语的音节结构包括哪些部分。

二、给下列词语注音

软（　　　　　）	院（　　　　　）	为（　　　　　）
九（　　　　　）	义（　　　　　）	试（　　　　　）
死（　　　　　）	界（　　　　　）	耳（　　　　　）
伟大（　　　　）	椅子（　　　　）	企鹅（　　　　）
兄妹（　　　　）	流水（　　　　）	误会（　　　　）
机要（　　　　）	原油（　　　　）	衣服（　　　　）

日本（　　　　）　金哲（　　　　）　朴正熙（　　　　）
海鸥（　　　　）　月亮（　　　　）　友爱（　　　　）
邮局（　　　　）　喜悦（　　　　）　微笑（　　　　）
沈阳（　　　　）　外语（　　　　）　汪洋（　　　　）
疑案（　　　　）　愿望（　　　　）　婴儿（　　　　）
北京市（　　　）　辽宁省（　　　　　）
录音机（　　　）　俄罗斯（　　　　　）

三、根据普通话声韵拼合规律，指出并改正下列音节拼写上的错误。

duēng（东）　qáng（强）　siōu（搜）　bùn（笨）
chiǎo（吵）　giě（给）　jǎo（搅）　puó（婆）
b（波）　ōng（翁）　ciú（球）　póng（朋）
龙 luéng　清 cīng　拖 tō　骄 jāo
类luì　破 può　懂 duěng　孟 mòng

四、根据拼写规则改正下列音节拼写的错误。

平安 píngān　月牙 üèyiá　房屋 fángū

流水 lióushǔi　掠夺 luèdúo　远去 üǎnqù

学会 xüéhuèi　吕剧 lǔjù　大意 dà’ì

野味 yiěuèi　世界 shìjè　李白 lǐbái

五、运用拼写规则拼写下面的句子或一段话。

1、火车像飞驰的羽箭。

2、京剧是中国的传统戏剧。

3、我已经准备好了旅游干粮。

4、珍惜时间是一个人的美德，懂得珍惜时间的人，生命才有价值。

5、我曾经游览过张家界的名山胜景，虽然那里风光醉人，但我的心总觉得故乡是一道无法取代的美好而亮丽的风景。故乡就是故乡，因为我生长在它温暖宽厚的怀抱里，我是喝它的水长大的，我总觉得故乡的山水富有一种特殊的风韵。

六、分析下列音节的音节结构

汉字	拼音	声母	韵头	韵腹	韵尾	声调
游	yóu					
魄	pò					
远	yuǎn					
光	guāng					
而	ér					
周	zhōu					
危	wēi					
权	quán					
柳	liǔ					
追	zhuī					

第六节

音变

一、什么叫音变

音变是指语流中的语音变化现象。

人们在说话时，连续发出的一连串音节叫“语流”。在语流中，音素与音素、音节与音节、声调与声调之间，由于互相影响，会产生一些语音变化，这种变化就是音变。显然，一个字单念时所发的音（词典里标注的音）和在语流中所发的音并不总是相同的。音变现象具有普遍性，不仅汉语里有，其他语言里也有。学习一种语言的语音，必须掌握它的音变规律，否则说出来的话就会让人觉得不伦不类。

普通话有自己的音变规律，超越这种规律，就不是标准的普通话语音了。因此，要想说一口标准的普通话，就必须掌握汉语里的音变规律。

普通话有轻声、儿化、轻声之外的变调及语气词“啊”的变读等四种音变现象。

二、轻声

在普通话里，有的音节在语流中失去了原有的声调，变成了一个又轻又短的调子，这种轻短的调子就叫“轻声”。为汉字注音时，轻声音节不标调。如：

儿子　　我们　　爸爸　　她的

érzi　　wǒmen　　bàba　　tāde

（一）轻声的读音

从物理的角度分析，轻声是声音的四要素音高、音强、音长、音色综合变化的结果。如轻声音节的声母和韵母都会产生一些音色上的变化，或者使得韵母弱化甚至脱落，或者使得声母由清音变成浊音。体会一下上面几个轻声字的读音就能了解这一点。再如“豆腐”、“东西”中的轻声字“腐”、“西”中的韵母u、i都可能脱落，只剩下声母f、x。

轻声的调值一般根据前一个音节的调值来决定。大体如下：

阴平字+轻声字——2度（半低）　他的

阳平字+轻声字——3度（中调）　谁的

上声字+轻声字——4度（半高）　小的

去声字+轻声字——1度（低调）　大的

（二）轻声词

从性质上来讲，轻声词有两种：

一类轻声词有较强的规律性，叫语法轻声词。这主要有如下几类。

1、语气词。例如：

来吧　他呢　走啊　说呗

2、助词“的、地、得、着、了、过”等。例如：

小的　轻轻地（说）　说得对　看着　走了　去过

3、名词与某些代词后的后缀“子、头、们、么”等。例如：

箱子　木头　我们　这么

4、用在名词、代词后的方位词“里、上、下、面、边”等。例如：

屋里　墙上　山下　前面　后边　这里

5、用在动词后面表示趋向或用在形容词后面表示变化的趋向动词“来、去、起来、下去、上去”等。例如：

带来　出去　唱起来　说下去　爬上去

6、动词重叠或一些叠音名词的后一个音节。例如：

听听　看看　送送　爸爸　姐姐　星星

7、量词“个”。例如：

这个　三个

8、数词“一”夹在重叠动词之间，否定词“不”夹在动词或形容词之间，或在可能补语结构中，常常轻读。例如：

说一说　去不去　大不大　听不懂

9、还有一类就是一些使用频率很高的口语轻声词，这类词由于长期的口语习惯而必须读轻声。下列这些词的后一个音节习惯上都读轻声：

东西　头发　钥匙　消息　胳膊
麻烦　快活　认识　机灵　凑合
先生　朋友　窗户　玻璃　小姐
月亮　身份　商量　热闹　报酬
亲戚　清楚　欺负　葡萄　脾气
富裕　便宜　暖和　笑话　名字
白　困难　免得　棉花　称呼

（三）轻声的作用

轻声在普通话里有其独特的作用，主要有两种：

1、区别词义

dàyé 大爷（傲慢、不劳动的男子）
dàye 大爷（口语中对年长男子的尊称）
dōngxī 东西(东方和西方)
dōngxi 东西（物品）
再如“虾子”和“瞎子”，“莲子”和“帘子”

2、**区别词性**

dàyì 大意(主要的意思，名词)

dàyi 大意(疏忽、不注意，形容词)

dìdào 地道(在地面下掘成的交通坑道,名词)

dìdao 地道(真正的、纯粹，形容词)

二、儿化

在普通话里，er不能与声母相拼，只能单独构成少数字音。此外，er可以附着在其他韵母后面，使这个韵母变成卷舌韵母，这种现象叫做“儿化”。儿化了的韵母叫“儿化韵”。儿化韵的注音形式是在原来音节后加个“r”。如“花儿”注为huār,“玩儿”注为wánr。

（一）儿化韵母的读音

儿化了的韵母读音有些变化，这主要是由于原有韵母中末尾的音素有的便于卷舌，有的不便于卷舌，因而形成了一些儿化韵的音变规律。可概括为两大类：

1、原韵母末一音素是a、o、e、ê、u等音素，发音时直接卷舌即可。如：

白花儿huār　　山坡儿pōr

唱歌儿gēr　　台阶儿jiēr

水珠儿zhūr

2、原韵母末一音素开口度较小又是前高元音，不便于卷舌，要先改变原韵母的音质才能发出卷舌韵来。大体有如下几种情况：

(1) 韵母是i、ü的，儿化时在原韵母后加“er”。如：

树皮儿pí__píer　　小鱼儿yú__yúer

(2) 韵母是-i(前、后)的，将-i换成“er”。如：

鱼刺儿cì__cèr　　果汁儿zhī__zhēr

(3) 韵母是ai、ei、an、en的，将韵尾音素i、n丢掉，使主要元音卷舌。如：

鱼拍儿pāi__pār　　酒杯儿bēi__bēr

地盘儿pán__pár　　水盆儿pén__pér

(4) 原韵母末一音素是ng的，将ng丢掉，使主要元音鼻化，同时加上表示卷舌的符号r(即气流同时从口腔和鼻腔流出)。如：

帮忙儿 máng__mar(鼻化元音在元音上加“~”号表示)

(二)儿化的作用

1、表示细小和喜爱的感情色彩

小鸡儿　小刀儿　小事儿　火柴棍儿

小孩儿　小猫儿　脸蛋儿　老伴儿

2、区别词义

头（脑袋）——头儿（领头的人）

眼（眼睛）——眼儿（小洞、窟窿）

3、**区别词性**

尖（形容词）——尖儿（名词）

画（动词）——画儿（名词）

需要指出的是，轻声和儿化现象在北京方言里十分普遍，但并非北京话里所有的轻声和儿化词都应当吸收到普通话中来。原则上讲，有两类轻声、儿化词应该吸收到普通话中来：一类是有区别词义或词性作用的轻声、儿化词，另一类是已经被普遍采用且读音相对固定，不这么说就显得特别别扭的轻声、儿化词。而那些没有区别作用或本来就是读音两可的轻声、儿化词，例如："工人"、"手艺"、"女士"、"作文儿"、"写字儿"、"冒烟儿"等，都应该看作北京方言的土语成分，不必吸收到普通话中来，否则，将大大增加方言区的人以及外国人学习普通话的难度，不利于普通话的推广。

三、变调

变调是指音节连读时产生的声调变读现象。由于变读产生的音词典里并不注明，仍标该字本来的声调符号，如果我们不了解各种变读现象，说出的汉语就不是标准的普通话。因此，掌握变调规律是非常重要的。

在普通话里，主要的变调现象有如下三种。

（一）上声的变调

1、两个上声字相连时，前一个音节的声调变得像“阳平”（读若35调），如：

你好　礼品　水果　野草

三个以上上声调音节相连，有时前两个上声字变得像阳平。如：

草稿纸　展览馆　请你走

有时第一个上声音节调子不变，第二个上声调音节变得像阳平。如：

纸老虎　小组长　好领导

多个上声音节相连，快读时最后一个上声字前的上声字可以都变得像阳平调，也可以根据结构分别变化。如：

我很想你。

这句话里有四个上声字，快读时可以将“我”、“很”、“想”都变读成阳平调，慢读时也可以分读成“我——很——想你”，只将“想”变读成阳平调。下边这个句子也适合于分段变读：

请你——买把——小雨伞。

2、上声字在非上声字前面，声调变读成“半上”（读若21调），如：

老张　老王　老赵

由上可见，上声字只有单念时或在句词的末尾时才读214调，出现在其他声调的字前的时候都发生变读现象。

（二）“一、不”的变调

1、单念或在词句末尾时，“一”念阴平，“不”念去声，即都读本调。如：

一　第一　统一　三十一

不　决不　我不（句末）

2、在去声字前，“一、不”都变读成阳平调。如：

一次　一下　一会儿　一下子

不去　不干　不算数　不换气

3、在非去声字前，“一”变读成去声调，“不”仍读本调，即去声调。如：

一篇（去声+阴平）　一年（去声+阳平）　一本（去声+上声）

不多（去声+阴平）　不来（去声+阳平）　不少（去声+上声）

（三）“七、八”的变调

1、单念或在词句末尾时，“七、八”都念阴平调，即都读本调。如：

七　第七　三十七

八　第八　五十八

2、在去声字前，“七、八”都变读成阳平调。如：

七次　八趟　七上八下

四、语气词“啊”的音变

在普通话里，语气词“啊”读音受它前面音节末尾音素的影响，发音有变化，具体变化规律有如下几点：

1、“啊”前音节末尾音素是“i、ü、a、o、e、ê”的，“啊”读ia，可直接写成“呀”。如：

你啊　ni__ia

取啊　nü__ia

他啊　ta__ia

多啊　duo__ia

河啊　he__ia

姐啊　jie__ia

2、“啊”前音节末尾音素是“u、ao(ou)”的，“啊”读ua，可直接写成“哇”。如：

苦啊　ku__ua

好啊　hao__ua

3、“啊”前音节末尾音素是“n”的，“啊”读na，可直接写成“哪”。如：

难啊　nan__na

咸啊　xian__na

4、“啊”前音节末尾音素是“ng”的，“啊”读nga。如：

上啊 shang__nga

想啊 xiang__nga

5、“啊”前音节末尾音素是“-i（前）”的，“啊”读[z]a。如：

字啊 zi__[z]a

词啊 ci__[z]a

死啊 si__[z]a

6、“啊”前音节末尾音素是“-i（后）”的或“er”的，“啊”读ra。如：

直啊 zhi__ra

吃啊 chi__ra

是啊 shi__ra

思考与练习

一、什么是音变？

二、举例说明轻声的作用。

三、举例说明儿化的作用。

四、举例说明上声的变调规律。

五、举例说明“一、不”的变调规律。

六、读准括号前的字的实际读音。

不（　　），他不（　　）去！

好，我们一（　　）言为定，不（　　）见不（　　）散！

你什么时候走啊（　　）？

啊（　　），多美啊（　　）！

水（　　）果在哪儿啊（　　）？

他买了一（　　）斤傻子（　　）瓜子（　　）。

这的（　　）确是小王的（　　）衣服（　　）。

不（　　）！不（　　）！对不（　　）起！你只是写得不（　　）好，不（　　）能说是写得不（　　）对，只是不（　　）会得优秀罢了。

七、读准下面的词语。

休息休息　打扫打扫　干干净净　哥哥姐姐　爷爷奶奶

想起来了　唱下去　桌子　椅子　筷子　裙子　调子

兜子　跟头　萝卜　拳头　枕头　尾巴　下巴　兄弟

豆腐　事情　走进去　拿出来　跑过来　跳下去　回去

回来　想起来　信儿　侄儿　食儿　没门儿　笔尖儿

门鼻儿　小曲儿　小花篮儿　小女孩儿　蛋黄儿　打盹儿

火柴棍儿　练习本儿　烟嘴儿　小母鸡儿　出难题儿

没劲儿　早起　小鸟　底稿　舞蹈　管理　好久

给予　奖品　手稿　蒙古语　水手长　师傅　伙计　忙乎

打听　窗户　头发　了不得　跑下来　豁出去　舍不得

八、朗读下面的句子，注意儿化词的读音。

1、魂儿都吓没了。

2、乖儿子，来跟爸爸亲个嘴儿。

3、把烟嘴儿给我。

4、你这次考试考了多少分儿？

5、我找了你半天都找不到，原来你在这儿啊！

6、咱们一起玩玩儿扑克吧。

7、他是影视圈儿里的大腕儿。

8、你把这个饭团儿扔了吧。

9、他爸爸是个大官儿。

10、这可不是小事儿。

11、她很喜欢动物，小猫儿小狗儿她都喜欢。

12、你站在那头儿，我站在这头儿。

13、快把锅盖儿盖上。

14、你去把花盆儿拿来。

15、一人一份儿，这是你的份儿。

16、这个猫刚下了个崽儿。

17、你把墙上的画儿拿下来吧。

18、驴打了个滚儿。

19、这个椅子掉了个腿儿。

20、给我一个火柴棍儿。

21、我累得一点劲儿都没了。

22、你的鞋带儿开了。

23、衣服掉了一个钮儿。

24、来，给他们露一手儿。

25、包子的馅儿太少了。

26、这孩子的脸蛋儿冻得通红。

27、咱们一块儿去吧。

28、劲儿往一块儿使，汗往一块儿流。

29、这是小钱儿，你尽管拿去花。

九、“一、七、八、不”的发音练习。

说一说，唱一唱　对不起　买不起　打不起　躲得起

一直　一致　一般　一辈子　不知不觉　八九不离十

一尘不染　一无所有　一路领先　一帆风顺　一干二净

一五一十　一举一动　一穷二白　一心一意　始终如一

一唱一和　一成不变　夜不闭户　不上不下　不屈不挠

不择手段　不折不扣　不三不四　不人不鬼　不知不觉

不得不去　不早不晚　七上八下　八面玲珑　七手八脚

七嘴八舌　七零八落　七窍生烟　八拜之交　乱七八糟

七上八下　七七事变　七窍生烟　七老八十　七零八碎

八年抗战　八大金刚　七八五十六　一技之长　一亩三分地

一本万利　一事无成　一往无前　一览无余　不堪一击

不即不离　不前不后　不早不晚　不是不想　不破不立

不尴不尬　不可剥夺　不得不去　不管三七二十一

他吃不下饭，睡不着觉。

一方有难，八方支援。

心有灵犀一点通。

一朝被蛇咬，十年怕井绳。

只有百分之一的可能。

一直没看，也一次不想看。

他一躺下就睡着了。

一不小心就要摔跤。

一天到晚不吃饭不睡觉。

她一次也不跟我说。

前不着村，后不着店。

她一声不响地悄悄地走出去了。

十、按照“啊”的音变规律，把下列短句末尾的语气词“啊”念准。

1、你现在在哪儿啊？

2、大家快来瞧啊！

3、这里的景色真美啊！

4、大伙加油干啊！

5、没有笔怎么写字啊？

6、你也可以讲啊！

7、别笑啊！

8、你快去啊！

9、 你俩都转了三个小时了，真能逛啊！

10、是啊，你说得很对。

11、你快说啊！

12、什么油啊，盐啊，酱啊，醋啊，该买的我一个也没落。

13、这小伙子长得真帅啊！

14、我哪里知道啊！

15、今天天气真好啊！

17、现在的孩子多么幸福啊！

18、既然有点小，那就拿去换啊！

19、她是个素食主义者，什么鱼啊，肉啊，葱啊，蒜啊，蛋啊，都不吃。

20、他一顿能吃两大碗饭，可真能吃啊！

十一、某导演姓侯，大家都称他为“侯导”；又因为他人长得瘦，有人称他为“侯儿导”，他听了很不高兴。为什么？

第七节

语调

一、什么叫语调？

从语音角度讲，汉语既有“字调”，又有语调。字调是指读每个汉字时声音的高低升降变化，这种变化可以区别词义。如“知道”、“指导”、“直到”。语调是指说话时语流的平曲升降、词语的轻重快慢以及语句的停顿等。不同的语调可以影响句子的意义和语气色彩。如“你也去?”“你也去!”“你也去，我也去。”

语调活跃在人们的口语中。即使每一个字的发音都很准确，但如果语调不正确，听起来就很别扭。标点符号很难把不同的语调反映出来，只有用有声语言表达出来，人们才能感受到。

语调是动态的，它处于随时的变动之中，往往因人而异。语调又是复杂的，因为它反映各种各样的人的感情态度，而这种感情态度又随着场合、环境、情感、心情的变化而改变。所以我们要根据文章内容决定使用不同的语调。

二、构成语调的因素

（一）音高的变化

音高的变化表现在音节上是声调，表现在句子上就是语调。可以分四种情况：

1、平调：调子自始至终保持同样的高低，没有大的起伏变化，一般常用来表示陈述一件事情或表达严肃冷淡的态度。例如：

(1) 从前，一个很冷的冬天，有个农夫在路上看见了一条冻僵了的蛇。

(2) 人们怀着无比崇敬的心情，缓缓地离开了烈士墓地。

2、降调：由平调逐渐下降。一般用来表示肯定、祈使、感叹等语气。例如：

(1) 咱们走吧。

(2) 我们坚信人民群众有无限的创造力。

(3) 天气真好啊！

3、升调：由平调逐渐上升。一般用于表达疑问、反诘、惊异、号召等于语气。例如：

(1) 你也去？

(2) 你问我？难道你看不出我是这里的下士吗？

4、曲折调：曲折调是一种弯曲的调子，或者是先降后升，或者是先升后降。一般用来表时含蓄、讽刺、意在言外等语气。例如：

(1) 有的人

骑在人民头上："呵，我多伟大！"

有的人

俯下身子给人民当牛马。

有的人

把名字刻入石头想"不朽"；

有的人

情愿作野草，等着地下的火烧。（讥讽）

(2) 你说的真好听啊！

(3) 人家现在当经理啦，说话不一样啰。

（二）音强的变化

说话的时候，语句中存在着的重音和轻音就是语调中的音强变化。其中以重音表现得最为突出。重音一般分为两类：语法重音和强调重音。

1、语法重音

根据语法结构的特点所决定的重音叫做语法重音。这种重音比较固定，比如主谓句的谓语、述宾结构和介宾结构的宾语、表示性状、程度的状语、表示结果、状态或程度的补语、表示疑问和指示的代词一般都要重读。例如：

(1) 比赛开始了。

(2) 刮风了。

(3) 一阵清脆的歌声把大家吸引住了

(4) 这里太美了。

(5) 那天他回来得很晚。

(6) 你想吃什么?

2、**强调重音**

随着语句的意义以及感情的变化而临时确定的重音就是强调重音。例如:

(1)我昨天借了小王十块钱。(重音放在“我”上,潜台词的意思是“我”借小王钱的,不是别人借的。)

(2)我昨天借了小王十块钱。(重音放在“昨天”上,潜台词的意思是我是“昨天”借的,不是今天,也不是前天借的。)

(3)我昨天借了小王十块钱。(重音放在“借”上,潜台词的意思是我是“借”小王钱的,不是白给他的。)

(4)我昨天借了小王十块钱。(重音放在“小王”上,潜台词的意思是我的钱借给“小王”了,不是借给小李、小赵了。)

(5)我昨天借了小王十块钱。(重音放在“十块”上,潜台词的意思是我借了小王“十块”钱,不是五块,也不是二十块。)

(三)音长的变化

音长的长短,决定了语速的快慢。语流速度不同,就形成了不同的语调,直接影响语义的表达。表达悲痛心情时语速很慢,表达兴奋感情语速很快,表达急速动作语速快,表达懒散动作语速慢。比较下列各句语速的快慢:

（1）海燕叫喊着，飞翔着，像黑色的闪电，箭一般的穿过乌云，翅膀挂起波浪的飞沫。（快速）

（2）王若飞整了整衣领，迎着深秋的晚风，望着周围的山峦。他挺直了身子，从容地说："用不着考虑了，开枪吧！"（慢速）

（3）雪纷纷扬扬，下得很大。开始还伴着一阵小雨，不久就只见大片大片的雪花，从彤云密布的天空中飘落下来，地上一会儿就白了。（中速）

（四）停顿

停顿是指词语或句子之间的语音停歇现象。停顿不同，意思不同。下列各句句中停顿位置不同，意思大不相同：

（1）三加二乘三等于几

（2）下雨天留客天留我不留

（3）这是书桌不是饭桌

停顿可以分为语法停顿和强调停顿。

语法停顿是指句子里不同语法结构之间的语音停顿。朗诵书面材料时，可以依据标点符号来处理语法停顿，就停顿的时间长短而论，顿号停顿最短，逗号稍短，分号、冒号长于逗号，句号又比分号、冒号长；问号、叹号的停顿时间相当于句号。例如：

（4）父亲说：////"花生的好处很多，//有一样最可贵：////它的果实埋在地里，//不像桃子、/石榴、/苹果那样，//把鲜红嫩绿的果实高高地挂在枝头上，//使人一见就生爱慕之心。////你们看它矮矮地长在地上，//等到成熟了，//也不能立刻分辨出来它有没有果实，//必须挖出来才知道。”////（“/”表示停顿最短，“//”表示停顿稍短，“////”表示停顿最长）

强调停顿是指为了突出、强调句中的某些词语，在没有标点符号的地方也予以停顿。例如：

（5）他们为了自己伟大的理想，有些人家可以不要，有些人官可以不做，有些人生命可以抛弃，有些人真正做到了“富贵不能淫，贫贱不能移，威武不能屈”的地步。

三、语调与声调的关系

语调和声调是两个不同的概念，但二者又有着密切的联系。这种联系主要表现在不同的语调的表达需要不同的声调的配合上。如重音音节的调值都是完整的。如“我不是老师”强调“我”，则该字调值为214，强调“不”时，“我”就读成211调子，“不”的调值则一定是一个完整的变化了的高升调。

声调和语调的联系还表现在相互影响上，主要是语调对声调的影响。例如：

(1) 你去？

(2) 可我要是不要呢？

四、朗读

对一个语文工作者来说，朗读是必须要掌握的基本功。通过朗读优秀作品，可以更具体地学到艺术语言的表达技巧，丰富自己的词汇，提高自己理解和运用汉语的能力。再者，朗读也是养成正确发音习惯的一个重要途径，通过朗读，可以把普通话说得更好，提高运用普通话交流思想的能力。

朗读不是机械地把文字变成声音，而是通过富有艺术感染力的声音把作品的内容准确、鲜明、形象地传达给听众。要朗读好一个作品，除了要具备一些基本条件（如发音正确，念词完整，不读破句，吐字清楚，饱满等等）以外，还要深入理解作品的主题、重点、段意和各个句子、词语在作品中的作用，并恰当地运用语调各要素表达出来。

思考与练习

一、什么叫语调？语调与声调有什么不同？二者关系如何？

二、什么叫语法重音？什么叫强调重音？请举例说明。

三、请根据强调重音位置的不同解释下列各句的不同含义。

(1) a. 小王喜欢玩篮球。

（　　　　　　　　　　　　　　　　　　　　　　　　）

b. 小王喜欢玩篮球。

(　　　　　　　　　　　　　　　　　　　　　　　)

c. 小王喜欢玩篮球。

(　　　　　　　　　　　　　　　　　　　　　　　)

d. 小王喜欢玩篮球。

(　　　　　　　　　　　　　　　　　　　　　　　)

(2) a. 我知道你会唱歌。

(　　　　　　　　　　　　　　　　　　　　　　　)

b. 我知道你会唱歌。

(　　　　　　　　　　　　　　　　　　　　　　　)

c. 我知道你会唱歌。

(　　　　　　　　　　　　　　　　　　　　　　　)

d. 我知道你会唱歌。

(　　　　　　　　　　　　　　　　　　　　　　　)

e. 我知道你会唱歌。

(　　　　　　　　　　　　　　　　　　　　　　　)

四、根据内容用正确的语调朗读下列各句。

(1) 朋友们，生活中有挫折和失望，但也有更多的快乐和希望，让我们忘掉痛苦的过去，带着微笑去创造美好的未来吧，幸福水远属于那些积极面对人生的勇士。

(2) “我坚信，只要坚持不懈，百折不挠，我的理想就一定能实现，也一定会实现！”

(3) 朋友们，如果现在你问我什么样的人最美，那么我会说，对人生充满自信，对别人充满爱心的人才是最美的人。(4) 泥土，我赞美你，因为你有母亲般的爱！泥土，我赞美你，　　　因为你体现了老师的高贵品质！”

(5) 死一般的沉寂笼罩着大地。

(6) 在韩国东南部肥沃的琴湖平原上，有一块神奇的土地，孕育了一座历史悠久的古城，公元1世纪曾是古代强大的部族国家“达句伐”的领地，朝鲜王朝时代就已经成为庆尚北道的中心城市。今天，她已经成为韩国的第三大城市，也是韩国六大直辖币之一，人口二百五十万。

她，就是我的家乡大邱。

五、下列短语有歧义，在实际口语中我们是如何加以区别的？

1、参观大厅

2、二加三乘五等于几？

3、呆两天

4、爸爸和妈妈的朋友

5、咬伤了猎人的狗

6、想起来了

7、发现了敌人的哨兵

8、从一开始

六、朗读练习

（一）诗歌朗诵

《有的人——纪念鲁迅有感》

作者：臧克家

有的人活着
他已经死了；
有的人死了
他还活着。

有的人
骑在人民头上：“呵，我多伟大！”
有的人
俯下身子给人民当牛马。

有的人
把名字刻入石头想“不朽”；
有的人
情愿作野草，等着地下的火烧。

有的人
他活着别人就不能活；
有的人
他活着为了多数人更好地活。
骑在人民头上的，

人民把他摔垮；
给人民作牛马的，
人民永远记住他！

把名字刻入石头的，
名字比尸首烂得更早；
只要春风吹到的地方，
到处是青青的野草。

他活着别人就不能活的人，
他的下场可以看到；
他活着为了多数人更好活的人，
群众把他抬举得很高，很高。

1949年11月1日于北京

(二) 故事朗诵

半途而废

乐羊是战国时代的人。有一年，他到外地去学习，因为想家，他没有学完功课就回家了。

乐羊回家后，就把没有学完功课的事告诉了妻子。他妻子听了非常生气，就拿剪刀剪断了织布机上的线。乐羊看到了这些，觉得很奇怪。

这时，妻子慢慢地对乐羊说："你已经看到我把线剪断了吧，这样一来，我白费了很多时光，前功尽弃了；你在外面学习，半途而废，不是跟我剪断线一个道理吗？”

乐羊听了妻子的话，马上又动身到外地学习去了。这次，乐羊学习很努力，直到学好了功课，他才回来。

(三) 演讲稿朗诵

创造快乐的人生

梨花女子大学　金志映

在中国留学的时候我曾经遇到过一个三轮车夫，他看上去五十来岁，长得浓眉大眼，相貌堂堂。我很纳闷，他怎么会干这种卖苦力的活呢？

我终于忍不住问他：“你为什么愿意干这个活呢？”他听了我的话不但不生气，反而笑着从车上跳下来，夸张地走了几步给我看，哦，原来他的腿有点毛病，左腿长，右腿短。我非常惊讶。他对自己天生的缺陷竟然能这么坦然相对，看不出丝毫的自卑。他还乐观地说：“我没什么文化，只有一身好体力，踩三轮车不用多走路，也能挣不少钱，可以说这是扬长避短，英雄有了用武之地。”一路上他还不时跟我夸他那漂亮的太太和可爱的儿子，他说他有三个愿望：吃得下饭，睡得着觉，笑得出来。他的三愿都已经实现了，他觉得很快乐，很幸福。坐他的车，听他的话，我的心情真是好极了。

那天晚上我想了很多很多。人无完人，谁都有缺点和不足。关键在于自己以什么样的态度去面对。如果一个人总是悲观地面对自己先天的或后天的缺点和不足，那就会失去生活的动力和勇气，从而失去人生的乐趣。反之，如果能正视自身的缺点和不足，以乐观的态度去面对生活，为自己的理想努力奋斗，那他就能获得幸福和快乐。由那个人力车夫我又想起在电视里看到的一位残疾女子。她小时候不幸遭遇车祸，四肢神经都已麻痹，但她没有因此绝望。她开始用嘴衔着毛笔画画。经过的不懈的努力，她终于成了一个著名的画家。她画的画美妙动人，赢得了人们的普遍赞赏。

那位平凡的三轮车夫是幸福的，那位用嘴画画的女画家也是幸福的。看看他们，想想自己，我觉得非常惭愧。和他们相比，我的身体条件和生活环境该是多么好啊！可是我常常一遇到小困难或小挫折就悲观失望，觉得人生毫无乐趣。现在我已经明白，人在生活中不可能万事如意，谁都会遇到挫折和失败，只要能以积极的态度去面对，那么，挫折和失败就不再是人生的苦酒，而是人生的良药，它会让我们明白更多的生活哲理，让我们更加成熟。人的一生是否快乐，不由外在的条件决定，而由自身决定。可能我们无法改变环境，但是我们可以改变心境。良好的心境会给你的生活带来无比的安宁和愉快。

朋友们，生活是美好的，让我们抱着乐观的态度，积极地去创造美好的人生、快乐的人生吧。

（第20届全国大学生中国语演讲大会（2002，庆星大学]获奖稿）

第二章

词汇

第一节

词汇概说

词汇，也叫语汇，是一种语言里所有词语——词和熟语的总汇。词汇也可以指某一特定范围的词语的总汇，如“汉语口语词汇”、“古代汉语词汇”、“吴方言词汇”、“老舍词汇”、“红楼梦词汇”、“体育词汇”、“影视词汇”等。总之，词汇是一种语言中词和词的等价物——熟语的集合体。单个的词语不能称为词汇。一种语言中的词语有数十万，常用的也有数万个，而词汇则只有一个。词和词汇的关系，好比树木与森林的关系，二者虽然关系密切，但不能混为一谈。

词汇是语言的重要组成部分，是语言的建筑材料。人们平时使用语言交际，就是通过语法规则把词汇中的词语有机地组合成句子来表达自己的思想。如果说语言是一座大厦，那么词汇就是构成这座大厦的全部材料。词汇材料越丰富，语言大厦就越壮观，越漂亮。汉语是世界上最发达的语言之一，这与汉语词汇的丰富发达是分不开的。

一个人学用一种语言，脑子里只可能记住一种语言的一部分词语。一个熟练掌握汉语普通话的人，能够自由运用的词语大概有6000个以上，用汉语写作的高级知识分子掌握的词语可能上万。每一个人的脑子里都有一批“内储”的词语，每一个人又都可以掌握大量的“外储”的词语。内储的词语是自己对它们的音、形、义都很熟悉的、可以随时运用的词语，外储的词语是虽然不很熟悉、但知道如何从有关工具书或有关文献资料中查找出来加以运用的词语。学习一种语言的词汇既要注意努力积累，使自己内储的词语不断增多，还要注意规范地加以运用，在实践中不断提高汉语表达水平。

第二节

词的构成

一、语素及其类型

（一）语素的特点

语素是最小的语音语义结合体，是最小的有意义的语言单位。现代汉语语素的主要功能是充当词的构成材料，是构词的要素。例如“河”，是个语素，它的语音形式是“hé”，它的意义是“天然的或人工的大水道”；“蝙”的语音形式是“biǎn”，但没有意义，它只有和“蝠”组成“蝙蝠”才有意义，因此“蝙”不是语素，只是一个没有意义的汉字音节。

任何一个词都是由语素构成的，有的词由一个语素构成，例如“我、好、走、不、胡同、巧克力”；有的词由两个或两个以上的语素构成，例如“语言”、“国家”、”“洗衣机”、“摄像头”。

确定语素通常采用“同形替代法”。例如“礼貌”和“馄饨”这两个词，要鉴别它们到底有几个语素，就看能不能用别的有意义的语言单位来替换其中的一个成分，如果替换后仍然有意义，那么被替换的单位就是一个语素，否则就不是语素。如“礼貌”中的“礼”可用“相、容、外、面”等替换，“貌”可用“节、堂、拜、数”等替换，替换后“相貌、容貌、外貌、面貌、礼节、礼堂、礼拜、礼数”中的“礼”和“貌”的意义都没有变化，因此可以证明“礼貌”是由“礼”和“貌”两个语素构成的。至于“馄饨”，其中的“馄”和“饨”都不能用任何成分所替换，也没有独立意义，所以它们不是语素。

运用同形替代法要注意的是两个成分都能被替换，且一个成分被替换后，另外一个成分应保持原来的意义。如“蝴蝶”中只有“蝴”可以替换为“彩”，“马达”替换成“马车”、“到达”后意义完全改变了，因此我们说“蝴蝶”和“马达”合起来才是一个语素。

（二）语素的类型

1、语音形式类

根据语素包含的音节数目，可以分为三类：

(1) 单音节语素，如“语”、“严”、“足”、“资”；

(2) 双音节语素，如“蝙蝠”、“吩咐”、“胡同”、“坦克”；

(3) 多音节语素，如“巧克力”、“莫斯科”、“成吉思汗”、“哈吉克斯坦”。

汉语语素以单音节为基本形式，单音节语素占绝对优势。而且，这些单音节语素在古代汉语中大多是能独立运用的词，在现代汉语中，有的语素依然能独立成词，如“人”、“山”等，有的已经失去了词的资格，不能独立使用，只能作为构词材料。如“严”、“足”等。

2、意义区别类

根据语素在词义表述上的作用的不同，可以分为两类：

(1) 词根，是词的意义的主要承担者，如“阿姨”中的“姨”、“甜头”中的“甜”、“祖国”中的“祖”、“国”。

(2) 词缀，是附着在词根都前后表示某种附加意义的语素，往往有归类作用。例如“阿姨”、“甜头”、“孩子”中的“阿”、“头”、“子”。

3、构词功能类

根据语素的构词能力，可以分为两类：成词语素和不成词语素。

（1）成词语素

成词语素有的本身就能独立成词，并且能自由地与别的语素构成新词，即在同别的语素构成新词时没有确定的位置，这类语素可称为自由成词语素。这类成词语素是最多的。如“水”这个语素可以单独成词，也可以跟别的语素构成“水平、水果、墨水、开水”等。有的只能单独成词，不能同别的语素构成新词。这种语素构成的词大多是叹词和语气词。例如：“喂”、“唉”、“吧”、“吗”等。

（2）不成词语素

这类语素不能独立成词，只能同别的语素结合成新词。

有的不成词语素是不定位的，即同其他语素结合成词时，位置不固定，可前可后。如“水”、“笔”等。有的是定位的，即同其他语素结合成词时，位置固定，如“阿”构成新词时固定在前：

“阿哥、阿妹、阿姨”；“者”构词时位置固定在后：“长者、记者、读者、作者”。

现代汉语里的语素大多数是从古汉语的词发展过来的，现代汉语构词双音化的规律，使古代的许多单音词转化为现代汉语的单音节不成词语素，成为构词的成分。如“足”、“语”等就是如此。正因为在古汉语里是词，所以在一些文言格式或成语里它们仍作为词来使用。如“千里之行，始于足下”、“丰衣足食”、“语重心长”、“千言万语”。

二、词

词是最小的能独立运用的语言单位。它是词汇中的主要成员。

从意义上看，词所表达的意义具有独立性、完整性，一般不是各个成分的简单相加。如“新娘”不是指“新的母亲”，而是指“新结婚的女子”，“火车”也不是“车上有火的车”。

语素和词比较起来，所表达的意义往往不太具体，也不很固定。比如“美”在“美丽、美貌”这些词中充当语素时，指“漂亮”的意思；在“美德、美满”这些词中充当语素时，指“好”的意思，在“美食、美味”这些词中充当语素时，是“可口”的意思。

短语的意义虽然很明确，但同词比较起来，不是特定的，它往往是构成短语成分的意义总和。比如“黑猫”是由“黑”和“猫”两个词组合而成的。它的意义是“黑”和“猫”两个意义的总和。

而“黑板”这个词不是指“黑颜色的板”，而是指“用木头或玻璃等制成的可以在上面用粉笔或油笔写字的平板”。

从功能上看，词和语素的主要区别在于能否独立自由运用，即能否独立用作造句材料，这是词和语素最根本的区别。词是构成句子或短语的要素，语素则是构成词的要素，不能用来直接造句。如“走”可以独立用于“他走了”、“走的时候告诉我一声”、“快走吧”等句子中，而语素“言”只能用来与“语、谎、行、辞”等语素构成“语言、谎言、言行、言辞”这些合成词，不能独立用于造句成分。如我们能说“语言是人类最重要的交际工具”，但不能说“言是人类最重要的交际工具”。至于成词语素在独立使用时是作为词来使用的。

短语能独立使用，但它不是最小的，中间可以有停顿，还可以拆开。如“看书”可以在“他看书”、“我讨厌看书”中自由使用，还可以拆开、换位，如“他看了好几本书”、“书我已经看完了”。而词一般是不能拆开来用的。离合词可以拆开，拆开时就变成了短语。如“洗澡”是一个离合词，“洗了澡”则成了述宾短语。

由于汉语里双音节词和语素、短语的区分不是那么泾渭分明，区分起来有时不那么容易，因此我们常通过一些方法来鉴别。常用的确定词的方法有直接判定、提取判定、扩展判定几种。

直接判定即根据词的一般功能判定，一个单位能单说，能独立充当句法成分，就可以直接判定为词。如“你去不去？——去。”里的“去”可以单说，直接可以判定为词。大部分的词就可以用这种方法来判定。

提取判定是把能单说的提出来，剩余的部分如果不是别的词的组成部分，虽然不能单说，但是可以单用，也可以判定为词。如“大吗？——大呀。”中的“大”能单说，可以直接判定为词，剩下的“吗”、“呀”也可以确定为词。汉语里的虚词大都可以用这种方法加以确定。

扩展判定是在一个单位中加入适当的成分，以检测它是不是词。词是一个整体，内部一般不允许插入别的成分，否则就会改变意义。如果插入成分后改变了意义的就是词，反之就是短语。如“白花”可以扩展成“白的花、白色的花”意义不变；“白字”不能扩展成“白的字，白色的字”，因此可以确定“白字”是词，“白花”是短语。

字只是个书写符号。一个字记录的可能是一个词，如“大、小、多、少”，也可能只是个语素，如“足、祖、监、罐”，也可能只是个没有意义的音节，如“蜻、蜓、蟋、蟀”。因此，仅从字数的多少是无法确定词和语素的数量的。例如：

①比赛正式开始。（六个字，六个语素，三个词）

②我喜欢弹琵琶。（六个字，五个语素，四个词）

③他又来了。（四个字，四个语素，四个词）

④蟋蟀从桌子上边蹦下来了。（11个字，10个语素，7个词）

⑤他们刚刚到达布宜诺斯艾利斯。（13个字，7个语素，4个词）

三、词的构造

（一）单音节词和多音节词

由一个音节构成的词叫单音节词。例如：

大　多　山　红　马　人　车

走　跑　上　来　想　向　从

花儿　棍儿　把儿　画儿　袋儿

古代汉语中单音节词占绝对优势地位，两个以上音节的词较少。但现代汉语词汇中单音节词数量较少，约占词语总数的10%，但使用频率很高，常用动词多数是单音节词，虚词也多是单音节词。

（二）多音节词

多音节词一般也叫复音词，是指由两个或两个以上音节构成的词。根据音节的多少，可分为如下几种：

1、双音节词。例如

创造　计划　报告　脑袋　讨论　国家

水分　桌子　鼻子　饺子　演员　电影

漂亮　伟大　痛苦　对于　坚持　刚才

双音节词在多音节词中占优势地位，在整个现代汉语词汇中也占绝大多数，约占85%，所以双音节词是现代汉语词的基本形式。词的双音节化倾向在现代汉语中还有进一步发展的趋势，成为汉语词汇发展的一大特点。古代汉语中的许多单音节词到现代汉语中已演变成为双音节词，如“习——练习”、“亡——死亡”、“齿—

—牙齿”、“首——脑袋”，也有很多三音节以上的词或短语逐渐向双音节词演变，如“机关枪——机枪”、“电视机——电视”、“出租车——出租”、“初级中学——初中”、“彩色照片——彩照”、“坦克车——坦克”。

2、**三音节词。例如：**

思想性　民主性　倾向性　灵活性
生命力　计算机　录音机　大跃进
黑油油　气呼呼　水灵灵　急匆匆
巧克力　莫斯科　黑龙江　太阳能

3、**四音节词。例如：**

社会主义　个人主义　浪漫主义
知识分子　积极分子　犯罪分子
无轨电车　呼和浩特　马来西亚

4、**五音节以上的词。大多是音译外来词。例如：**

加利福尼亚　阿尔及利亚　布加勒斯特
斯堪的纳维亚　布宜诺斯艾利斯

（二）单纯词与合成词

词是在语素的基础上构成的，有的由一个语素构成，有的由两个以上的语素构成。根据内部结构成分的不同，词可以分为单纯词与合成词两类。

1、单纯词

由一个语素构成的词叫单纯词。

（1）单音节单纯词：

人　火　马　叫　比　天　好　走

对　过　着　了　啦　的　吗　呢

（2）双音节单纯词：

a. 连绵词：

蜘蛛　尴尬　慷慨　参差

从容　灿烂　怂恿　骆驼

朦胧　痉挛　茉莉　猢狲

b. 叠音词：

悄悄　脉脉　冉冉　姗姗

悠悠　皑皑　茫茫　翩翩

c. 音译词：

坦克　咖啡　悉尼　芭蕾

沙发　吉他　逻辑　扑克

d. 拟声词：

哗啦　扑通　轰隆　啪啦

咕咕　旺旺　哗哗　嗒嗒

e. **感叹词**

啊呀　哎哟　哎呀　哈哈

嘻嘻　呜呜　哼哼　嗯嗯

（3）多音节单纯词：

大多是音译的外来词。例如：

墨尔本　巧克力　塔利班　法西斯

歇斯底里　澳大利亚　乌兰巴托

哈吉克斯坦　印度尼西亚　阿尔巴尼亚

2、**合成词**

由两个以上的语素构成的词叫合成词。根据语素组合的不同情况，可分为四种类型:复合式、重叠式、附加式、减缩式。

（1）复合式：由两个或两个以上不同的词根组合成词。这是汉语合成词最常见的组合类型。根据词根间不同结构关系可以分为五种基本类型：

a. 联合型：两个意义相同、相近、相关和相反的词根并列而成。例如：

脸面　坟墓　尘埃　接受　保卫　悲哀

领袖　喉舌　尺寸　穿戴　江山　春秋

开关　是非　矛盾　呼吸　始终　出纳

人物　女儿　好歹　质量　忘记　干净

b. 偏正型：前后两个词根具有修饰和被修饰的关系，后一个词根是被修饰的，它的意义是主要的。例如：

白菜　铁路　卧铺　国旗　优待　轻视

火热　血红　冰冷　雪白　笔直　雀跃

c. 补充型：后面词根补充说明前面的词根，以前面词根的意义为主。例如：

拆散　战胜　缩小　推动　放松　看见

马匹　船只　纸张　枪支　人口　花朵

d. 述宾型：前一个词根表示动作行为，后一词根表示动作行为支配或关涉的对象。例如：

失礼　碰壁　知己　含冤　刺眼　管家

吹牛　生气　聊天　跳舞　操心　理发

e. 主谓型：前一个词根表示被陈述的事物，后一词根陈述前一词根。例如：

性急　地震　气虚　月亮　口红　肉松

胆怯　眼花　事变　自卫　神往　人为

（2）重叠式：两个相同的词根相叠构成的合成词。例如：

奶奶　爷爷　舅舅　哥哥　姐姐　爸爸

刚刚　仅仅　常常　偏偏　明明　星星

（3）附加式：词根附加词缀构成的合成词。这种合成词词根表示基本意义，是主要部分；词缀表示附加意义，是附加部分。主要有两种情况：

a. 前缀+词根

阿：阿妈　阿爹　阿姨　阿哥　阿毛

老：老师　老板　老虎　老鼠　老鹰

可：可靠　可笑　可气　可叹　可恨

非：非凡　非常　非分　非法　非人

小：小心　小吃　小偷　小鬼　小将

b. 词根+后缀

者：读者　作者　记者　患者　编者

子：条子　棍子　刀子　口子　路子

头：苦头　木头　念头　石头　罐头

儿：鼻儿　嘴儿　花儿　弯儿　个儿

化：恶化　深化　优化　僵化　激化

性：中性　酸性　慢性　记性　韧性

气：土气　洋气　小气　娇气　客气

员：会员　队员　船员　演员　教员

家：专家　行家　画家　企业家　歌唱家

手：能手　高手　选手　凶手　多面手

此外还有词根加叠音词缀构成的附加式合成词，例如：

喜洋洋　干巴巴　油乎乎　亮堂堂　气哄哄

金灿灿　绿油油　泪汪汪　血淋淋　雄赳赳

活生生　笑眯眯　香喷喷　乱糟糟　病歪歪

（4）减缩式：由短语减缩的简称固定下来构成减缩式合成词。例如：

地下铁路——地铁　彩色电视机——彩电

外交部长——外长　空中小姐——空姐

文化教育——文教　安全理事会——安理会

清华大学——清华　人民代表大会——人大

中学和小学——中小学　身体好、学习好、工作好——三好

中国共产党中央委员会——中央

以上列举的各种合成词都是由两个语素构成的。有些合成词由三个以上语素构成。这种多层合成词都具有一定的层次性。如“宽银幕”一词，先由“银”、“幕”组成“银幕”，再同“宽”组成“宽银幕”。再如：

洗衣机　自信心　记者证　可读性　写字台

思考与练习

一、什么是语素?什么是词?它们各有什么特点?

二、语素包括哪些类型?

三、举例说明语素、词、字之间的关系。

四、指出下列字哪些能独立成词，哪些只是语素，哪些要和别的字结合在一起才能表示一个词或语素？

蝙 念 硕 蝴 玻 伟 留 回 烂 心

追 悼 净 伯 倾 谈 幻 葡 和 推

衣 魁 蜻 天 鹃 存 于 蟋 疗 光

五、区分单纯词和合成词，是合成词的请指出它的构词方式。

扑克（ ）	蜘蛛（ ）	抓紧（ ）
动静（ ）	美好（ ）	北极（ ）
漆黑（ ）	雪崩（ ）	卧铺（ ）
提议（ ）	骑兵（ ）	发明家（ ）
灿烂（ ）	逛头（ ）	稿件（ ）
操心（ ）	胆小（ ）	冰凉（ ）
爷爷（ ）	崎岖（ ）	迪斯科（ ）
参差（ ）	霹雳（ ）	荒凉（ ）
老人（ ）	老婆（ ）	老化（ ）
布匹（ ）	骷髅（ ）	长子（ ）
麦子（ ）	婴儿（ ）	卷儿（ ）
烟头（ ）	老鹰（ ）	油腻腻（ ）
哆嗦（ ）	蓝图（ ）	硬邦邦（ ）
变化（ ）	西化（ ）	火热（ ）
捐躯（ ）	识破（ ）	红彤彤（ ）
甜头（ ）	胖子（ ）	活儿（ ）
美丽（ ）	革命（ ）	放心（ ）
提纲（ ）	合法（ ）	亮晶晶（ ）

改正（　　）	打倒（　　）	耳鸣（　　）
扑克（　　）	攻克（　　）	雪花（　　）
眼花（　　）	肉麻（　　）	车辆（　　）
男性（　　）	耐性（　　）	老婆（　　）

六、分析下面合成词的层次和构词关系

计算机　托儿所　自动化　粮油站　更衣室　发电厂
人行道　皮鞋油　写字台　三角尺　说明书　搅拌机
放大镜　山水画　会员证　轻机枪　销售部　输血车

第三节

词义

一、什么是词义？

与词的语音形式相对的，固定在一个词中的意义内容，就是词义。简单地说，词义就是一个词所代表的意义。任何一个词，作为语言符号的一个单位，都是语音和语义的结合体，既有一定的语音形式，又有一定的意义内容。例如汉语中“书”这个词，语音形式是“shū”，意义是“成本的著作”，这就是“书”的词义。

词义表达概念，概念是形成词义的基础，因此二者关系密切。但是，词义并不等同于概念，它们是有区别的。

第一，词义比概念包含的内容广。词义可分理性意义和附加意义，理性意义是词义核心，它概括反映事物的本质特征；附加意义是词义中除理性意义以外表示主观评价的意义，如语体色彩，感情色彩，形象色彩等。概念只有理性意义，没有附加意义。例如“团结”和“勾结”两个词，反映的是同一个概念，理性意义相同，但附加意义却不同，“团结”表示褒义，“勾结”表示贬义。

第二，词义和概念并不是对应的，不是一对一的关系。一个概念可以用一个词表达，也可以用几个词的意义联系起来表达。如“爷爷”和“爸爸的爸爸”。汉语的“哥哥”、“姐姐”各用一个词表达，英语则用短语来表达“older brother/sister”。此外，同一个概念，还可以分别用几个不同的词来表达，如“看”、“瞧”、“瞅”、“望”等表达的是同一个概念，是一组同义词。

二、词义的特点

（一）客观性

词义来源于客观现实，是客观现象在人们主观意识中的反映。客观事物、现象是词义形成的基础，所以词义具有客观性特点。正因为客观世界中有山、有水、有树、有草、有牛、有马等等，相应的才有“山”、“水”、“树”、“草”、“牛”、“马”等词的意义。

但词义的客观性并不是说词义与客观事物完全对等。由于词义是人类认识活动的成果，是客观在人的意识中的反映，因此词义不可避免地具有某些主观因素的成分，包含着人的认识态度。一方面，词义在产生过程中，往往被赋予了人的主观评价色彩，所以反映同一客观对象时往往可以有多个附加意义不同的词。例如同样表示“失去生命”这一基本意义，就有表示褒义的“牺牲”、“逝世”，表示中性色彩的“死”、“死亡”，表示贬义的“完蛋”、“蹬腿儿”等等，同时这些词使用范围上还有口语、书面语之别。另一方面，由于受主观认识水平的限制，有些词义并不一定真实反映客观现实，例如“妖怪”、“魔鬼”等词的意义，指称的都是客观现实所不存在的事物，它们是人在科学不发达时代对一些自然现象的主观、幻想性解释，是人对现实歪曲的、错误的认识，它们仍然具有客观基础。

（二）概括性

词义的形成过程，就是人脑通过思维的抽象和概括过程。词义所反映的，或者是客事物和现象的本质特征，或者是客观事物和现象的一般特征。不管怎样反映客观事物和现象的特征，词义总是抽象的、概括的。在概括过程中总要舍弃个别事物的具体特征。例如“树”的词义是“木本植物的总称”，这个意义就将自然界各种各样具体的树的特征作了概括，舍弃了具体的树的特点，使“树”同“草”、“藤”之类的植物区别开来。“手”是“人体上肢前段能拿东西的部分”，而不专门指某个人的手，也不区别手的大小，男人的手，女人的手，老人的手，孩子的手。“书”有大小、厚薄、颜色等区别，但词义只反映本质属性“成本的著作”。

任何一个词的词义都在概括，即使是专有名词的词义也是概括的。例如“鲁迅”一词的词义就概括了鲁迅先生的所有特点，既可以指少年的鲁迅，又可以指青年的鲁迅，中年的鲁迅。“北京”概括了北京的过去和现在，北京的自然环境、北京的人口等等。

（三）模糊性

所谓模糊性，就是人们认识中产生的关于客观事物的边界、状态的不确定性。词义是表达概念的，而人类认识活动中形成的概念，其外延往往是不固定的，没有明确的界限，反映在词义上，就是词义的模糊性。例如“大”与“小”、“高”与“矮”、“漂亮”与“难看”、“青年”与“中年”等词的意义，它们的义界是不清晰的。“黎明”、“清晨”、“傍晚”、“上午”、“下午”、“晚上”等词所表示的时间也是模糊的。由于这些词的义界没有一个客观的标准，不同的人对不同的事物又有不同的评判态度，所以这些词的外延就难以确定，它们的意义因而具有了模糊性质。因此同一个人，可能有人认为他高，有人认为它矮，有人认为它漂亮，有人认为它难看。同一个时间，比如18点，有人说是下午六点，有人说是晚上六点。

词义的模糊性是人类思维的模糊性与词义的概括性决定的。但词义的模糊性非但不影响交际，而且还使交际更有效率。模糊词义是人们根据认识的需要和可能，省略了客观对象大量中介而形成的，使事物界限变得相对清晰、明确，负载的信息量更大，因此能更有效地帮助人们简洁明了地从整体上把握客观对象的属性，而不必从头到尾逐项认识，这就使得信息传递更加快捷，人与人的沟通更加迅速。

准确性与模糊性是相对的。比如时间，在实际交际中我们有时需要精确到秒，有时只需精确到分，有时需要精确到小时，有时只需精确到天。我们会根据实际情况选用不同的词，满足不同的精确度要求。比如，领导派你去车站接一个你从没见过的人，他只需告诉你他中等个儿，长脸，穿蓝色西装，手提电脑包等几个特征就足够了。如果他告诉你要接的人身高173.236，脸的长度是30厘米，宽度是16厘米，西装的尺寸是多少，你就没法接人了。因此说，词义的模糊性是客观存在的，也是语言交际所必需的。

（四）社会性

词义的社会性是指词义具有被使用语言的全体社会成员共同约定和理解的特征。无论是词的新义项的产生，还是新词义的产生都不是个别人任意规定的，而是社会全体成员共同约定下来的。词义一旦确定下来，就不能任意改变或歪曲。有人曾认为中药“枸杞子”、“鱼腥草”、“狗肝菜”、“茯苓皮”、“胖大海”等名称太难听，试图重新为各种中药起名，最终失败，因为没人认可。再比如明朝皇帝曾屡次想取消来自蒙古语的“站”，重新用古有词“驿”代替，最终还是失败了。

词义的社会性还表现在不同的社会，不同的民族，对以相同概念为基础的同一个词的含义，有不同理解。例如“红色”现代汉语往往“象征革命进步”，而英语却具有“血淋林，暴力”等联想意义。此外对“狗”、“乌龟”等词的理解，各民族也有差异。可见，词义的形成还与生产力的发展水平、民族心理、文化传统等社会因素有着一定的关系，这也体现了词义的社会性。

三、概念义和色彩义

概念义是词义中反映客观事物自身的那部分内容。概念义对客观事物的反映决定于当时人们的认识水平和方法。“人”的概念义古今显然有很大的区别，以前曾有人概括“人”的词义是“能直立行走、身上没有毛的两条腿的动物”，《现代汉语词典》的释义为“能制造工具并使用工具进行劳动的高等动物。”两相比较，不难看出高低。

词典解释词义时，主要阐释词的概念义。例如：

黄豆：籽实表皮黄色的大豆。

倒票：倒买倒卖车票、船票、入场券等。

色彩义是词的附属意义，是指词中除理性意义以外的某种倾向、情调或风格。色彩义着重反映了人们的主观认识，也是构成词义的重要成分。有的色彩义有自己独立的词义内涵，有的则表现出很强的依附性，依附于词的概念义之上。词的色彩义有重要的传情达意的作用，有的不影响概念义，有的会影响到概念义，甚至决定着概念义的基本性质。色彩义主要有如下几种：

（一）感情色彩义

感情色彩义是指随着理性意义而表现出来的人们对待词语所指称的客观事物或现象的感情倾向和主观评价意味。有些词表明说话人对有关事物的赞许、褒扬的感情，这就是词义中的褒义色彩，这样的词称作“褒义词”。例如：

英雄　烈士　牺牲　就义　开放

慷慨　大方　漂亮　忠诚　雄伟

果断　壮丽　公正　亲切　和蔼

有些词表明说话人对有关事物的厌恶、贬斥的感情，这是词义中的变异色彩，这样的词叫做“贬义词”。例如：

叛徒　走狗　倒爷　小人　勾结

吝啬　巴结　折腾　虚伪　狡猾

马虎　小气　肮脏　懒惰　丑陋

还有很多词没有明显的褒贬色彩，属于中性词。例如：

教员　职工　说话　男人　住宅

前方　后头　马匹　手套　油漆

吃　跑　说　看　来　高　低

（二）语体色彩义

语体色彩义是指词经常在某种语体中使用，从而感染上的特殊的语用色彩。经常出现在口语中，词就具有口语色彩。例如：

门道　溜达　吓唬　老婆　小伙儿

脑袋　捉摸　装蒜　开心　差点儿

明儿　害臊　老公　叨咕　聊天儿

口语中一般不用，经常用于书面语中的词具有书面语色彩，例如：

思念　父亲　信念　珍重　怀念

身亡　申请　探望　坚毅　逝世

风貌　眷恋　汇集　祝愿　反思

古语词一般也只用于书面语中，表现出庄重、典雅的色彩义。例如“不吝赐教”“恭候莅临”。

大部分词是口语和书面语通用的，没有明显的语体分工。

（三）形象色彩义

形象色彩义是指词义中体现出来的易于引发人们对其表示的事物和现象产生形象联想的意味，即形象感。词的形象色彩可以诉诸人们的任何感官，引起不同的感官形象。例如：

视觉形象：云海　斑马　蛇山　美人鱼　金钱豹

听觉形象：轰隆　哗啦　叮当　乒乓球　噼里啪啦

味觉形象：甜滋滋　香喷喷　臭烘烘　酸溜溜
动觉形象：垂柳　飞鸟　颤抖　上钩　钻山豹
触觉形象：冰凉凉　硬邦邦　滑溜溜　黏乎乎

思考与练习

一、什么是词义？词义与概念是否相等？

二、词义具有哪几个特点？请举例说明。

三、词义的模糊性的存在是否会导致语言交际的混乱？

四、指出下列各词的色彩义：
康复　疙瘩　鸟瞰　搅和　哥们儿
调试　酷爱　磋商　演唱　蛤蟆镜
吹牛　富态　诽谤　亲嘴　赖皮狗
划拉　用餐　害臊　羞愧　呱呱叫
崎岖　英勇　玩命　习气　望夫台
犬子　歧途　矫正　谦逊　笑嘻嘻
姥姥　外祖母　宏伟　永别　摇钱树
清晨　早上　诞辰　生日　蘑菇云

第四节

多义词与同音词

一、单义词与多义词

词的理性意义在词典中用“义项”的形式来表达。义项是词的理性意义在词典中的分列项目。

只具有一个义项的词叫单义词。单义词主要有以下几种类型：

常见事物的名称：衣服　桌子　电灯　电话　钢笔

专有名称：北京　上海　李白　杜甫　台湾　韩国

科学术语：化合　语素　元素　外科　纳米　代数

外来词：吉他　沙皇　咖啡　扑克　沙发　哥白尼

一个词在产生之初，意义都是单一的，只有本义存在。在词汇发展过程中，单义词往往逐渐派生出多项意义来，于是出现一词多义现象。

具有几项互有联系的义项的词叫多义词。例如：

记录：① 把听到的话或发生的事写下来。

　　　② 当场记录下来的材料。

　　　③ 作记录的人。

④ 在一定时期、一定范围内记载下来的最高成绩。

义项 ① 是基本的，表示一种动作行为，其他义项都是由这个义项派生出来的，因此，“记录”是多义词，它的几个意义相互间有联系。

多义词的各个意义是在历史发展中相继形成的。它们之间有一定的联系，因此就有本义、基本义、引申义、比喻义之分。

本义是多义词的原始意义。有的词的本义一直到现在仍然是最常用最主要的意义，如“听”、“山”、“马”等；有的词本义现已不用，词典中不予列出该义项。如“它”的本义是“蛇”，现已不用。有的词的本义在固定短语中还能看到，“兵”的本义是兵器，如“短兵相接”。

基本义是词在现代最基本最常用的意义。它能派生出其他意义。例如：

活 ① 生存；有生命（跟“死”相对）

② 在活的状态下。

③ 救活。

④ 活动；灵活。

⑤ 生动活泼，不死板。

义项：① 就是“活”的基本义。它是最基本、最常用的，其他意义都是从它派生出来的。

在现代汉语的语文性词典中，基本义一般列为第一义项。

引申义是词的转义的一种。在基本义的基础上经过推演发展而产生的意义是引申义。例如“老”的本义（也是基本义）是“年岁大”，在本义基础上派生出了“老年人”（尊老爱幼）、“婉指老人死亡”（隔壁前天老了人了）、“以前存在的”（老根据地）、“陈旧”（这所房子太老了）、“原来的”（老脾气、老地方）、“长得过了适口的时期”（这韭菜太老了）、“烹炒过了头”（鸡蛋煎老了）、“变质”（老化、防老剂）、“长久”（老不见他上班，不知他好不好）、“经常”（这孩子老哭）、“排行在末了的”（老儿子）、“很、极”（我们从老远的地方来这里）等十几个义项。

比喻义也是词的转义的一种。比喻义是用多义词的基本义来比喻另一种事物所产生的新的意义。如“泰斗”本义指泰山、北斗；比喻义指德高望重或有卓越成就而为众人所敬仰的人。“近视”本义指视力缺陷的一种，看不清远处的东西；比喻义指目光短浅，如“要从长远看，眼光不要太近视”。

词的比喻义跟词的比喻用法不同，它是已经被固定在词中，是词的一部分内容，并且为社会公认。词的比喻用法只是临时性的，离开具体环境便不存在。有“北京是中国的心脏”的比喻，但“心脏”并没有“北京”的义项。

二、同音词

同音词是指语音形式完全相同而意义上毫无联系的一组词。有同形同音词，如“开会”的“会”和“会游泳”的“会”，“把房子卖了”的“把”与“一把钥匙”的“把”，“杜鹃花”的“杜鹃”和“杜鹃鸟”的“杜鹃”。再如下边四个“别”意义上互不关联，也是同形同音词：

别——别了，我的老朋友！

别——别上校徽！

别——别走了。

别——别有风味。

异形同音词是书写形式不同的同音词，如“话”、“画”、“化”，“目的”、“墓地”、“牧地”。

同音词的产生有的是语音变化的结果（如“酒”和“九”），有的是词义分化的结果（如“刻字”的“刻”和“一点三刻”的“刻”），有的是声音偶合的结果（如“大米”的“米”和“三米”的“米”，“公理”和“公里”）。

同形词并不一定是同音词。如“好看书”的“好”和“看好书”的“好”，“路很长”的“长”与“她长高了”的“长”发音不同，都不是同音词，仅仅是同形词。

三、多义词与同音词的作用

多义词和同音词在语言中的作用，既有积极的一面，又有消极的一面。

积极作用有如下两种：

（一）解决言少义多的矛盾，使语言符号简易经济

普通话有400多个基本音节，加上声调的区别，也不超过1400个，而现代汉语里的词多达几十万个，而且每时每刻都在产生新词。要用有限的音节表达无限数量的词，就要大量地发展多义词，使“一词多用”；同时产生许多同音词，使“一音多用”，解决“音少义多”的矛盾，使语言符号简易经济，以满足人们使用上的需要。

（二）构成双关，加强语言的表现力

运用多义词可以造成意义双关。例如：

① 第一流产品，为足下增光（某鞋油广告）。

② 你这个人最大的毛病就是嘴快，水盆里扎猛子，没个深浅。

运用同音词可构成同音双关。例如：

③ 春蚕到死丝方尽，蜡炬成灰泪始干。[丝——思]

④ 东边下雨西边晴，道是无晴还有晴。[晴——情]

⑤ 孔夫子搬家——净是书（输）

⑥ 老虎拉车——谁赶（敢）啊？

多义词和同音词的消极作用是有时容易造成歧义，语义不明。例如：

⑦ 他什么都能对付。

⑧ 他要去上课。

⑨ 我看他的脸色不太好。

⑩ 该下船了。

⑪ 下周就要期中/期终考试了。

同音词也容易引起写别字现象。例如把“勿需来省城开会”写成“务须来省城开会”，把“生活必需品”写成“生活必须品”。

思考与练习

一、下面的词，哪些是单义词，哪些是多义词？

河（ ）深（ ）墙（ ）

宽（ ）报道（ ）台风（ ）

后台（ ）包袱（ ）鼠标（ ）

二、指出下面各组句子中带点儿的两个词是同音词还是多义词。

1、a. 我不会滑冰。

b. 我去会朋友。

2、a. 我们是老朋友了。

b. 他是个老将军。

3、a. 我们大家一定要齐心协力。

b. 展览馆里展出了许多书法大家的作品。

4、a. 抡了半天大镐，虎口都震裂了。

b. 在好心的老乡帮助下，他终于逃离了虎口。

5、a. 他医术高明，救活了很多病人。

b. 他脑袋很活，能想出好办法的。

6、a. 他一失足从树上掉了下来。

b. 一失足成千古恨。

7、a. 这些书由你保管。

b. 他是我们厂里保管。

c. 只要努力学习，保管你能学会。

8、a. 他多坐了两站。

b. 这个加油站是今年建的。

三、指出下列各词的基本义和一个派生义，并用基本义和派生义各造一个句子。

看　想　熟　打　吹　深

包袱　浪花　今天　头脑

四、分析下列句子产生歧义的原因，并指出怎样避免。

1、我借他五元钱。

2、我已经两天没吃饭了。

3、他很有功夫。

4、那间房子，我过去看过了，很合适。

5、这根铁丝长一米。

6、该下船了，咱们以后再联系。

五、下列人名起得好不好？为什么？请说明理由。

秦寿生　倪杨　段明

杜子腾　费岩　费红忠

六、下面这个故事中的老人为什么不高兴？

有一个人接到邀请去参加某人七十大寿典礼，于是去百货商店挑选礼物。他看到一个挂钟很好看，就买下了。可是当他把礼物送给主人的时候，老人脸色大变，坚决不要。

七、下面这个故事中的书生是怎么教训那个傲慢的人的？

有个很傲慢的人骑着马赶路。突然前面出现了三岔路口，他不知道自己该怎么走。于是问路边一个农民，可农民看他无礼，一句话不说就走了。后来又问一个樵夫，樵夫也不理他。后来看到一个书生，急忙问他。书生看他这么傲慢又不懂礼貌，就想教训他一下。于是回答说："我不知道你该怎么走，我要去村里看一个奇怪事。"他听了好奇地问："什么奇怪事？"书生说："村里有匹马下了一头驴。"他也觉得奇怪，接着问："什么？下驴？它怎么不下马呢？"书生说："是啊，谁知道那个畜牲为什么不下马呢？"说完就走了。听了书生的话，这个人才明白书生在骂自己，羞愧地低下了头。

八、下边这个笑话中的"做人"意思都一样吗？

老王觉得自己的妻子很笨，所以常对别人说妻子不会做人。有一天，老王下班回来，只见妻子没做饭，却把十多斤面粉全都和好，捏成面人。老王一见，火毛三丈，大声呵斥道："你这是在干什么啊？疯了？"。妻子大声答道："我不做人，你到处说我不会做人；我做了人，你又这样骂我。我真是难做人啊！"

九、下面这个笑话中的病人为什么没治好病？

某人第一次去医院看病，很紧张。护士说看病要挂号，他就去商店买了一个最便宜的小号（吹奏乐器），挂在脖子上去看医生。护士大笑，并帮他挂了号看病。医生看完病，给他开一瓶药水，嘱咐他要按规定喝，一次喝一道儿。他听了之后取药回家。一出医院大门他就打开药瓶，一直喝到家，一瓶药水全喝光了。结果，病没见好，越发严重了。

第五节

同义词与反义词

一、同义词及其类型

意义相同或相近的一组词叫同义词。从意义、用法上看，同义词可以分为两类：

（一）等义词

等义词是指意义完全相同，一般可以无条件互换使用的一组词。例如：

站台——月台　寻找——找寻

语法——文法　电话——德律风

士兵——兵士　自行车——脚踏车

代替——替代　感情——情感

等义词在意义上等值，语用上可以互换，所以在语言中一般没有必要同时存在，他们在并用一段时间后，往往会淘汰一个。

（二）近义词

近义词是指意义大体相同，还有着细微差别的一组词。由于近义词总是“大同小异”、“同中有异”，因此在语用上不能无条件地替换时用。例如：“儿童”与“孩子”，在“我的孩子”中不能用“儿童”代替“孩子”，在“儿童是祖国的花朵”中，又不能用“孩子”代替“儿童”。这是因为“孩子”有口语色彩，口语中使用亲切、自然；“儿童”是书面语词，具有庄重、严肃的意味，所以两个词不能任意替换。近义词反映了事物之间的各种细微差别，是语言表达精密化的手段之一，是语言丰富发达的重要标志。一般我们所说的同义词，往往指的是这类近义词。

二、同义词的辨析

辨析同义词，可以从以下几个方面入手。

（一）概念意义上的差别

1、范围大小不同

范围大小有区别的同义词，指称的都是同一事物现象，但所代表的概念外延有大小之分，有些同义词的意义范围有包含和被包含的关系，有些同义词有指称个别、具体与指称集体、概括的差别。例如下列各组同义词，前一个词的指称范围就比后一个词的范围大：

性质——品质　书籍——书

时代——时期　船只——船
房子——屋子　气候——天气
边疆——边境——边界
战争——战役——战斗

2、**词义轻重不同**

词义轻重不同指一组同义词的意义在程度上有高低、强弱、轻重之分。例如“批评”和“批判”都表示对别的人、事发表意见，但“批评”只是针对缺点、错误提出意见，词义较轻；“批判”则是对错误的、反动的思想、言行进行系统分析，加以否定，因而词义较重。再如：

爱好——嗜好　损坏——毁坏
憎恨——仇恨　非常——极端
失望——绝望　灾害——灾难
请求——恳求——哀求
轻视——鄙视——蔑视
优良——优秀——优异
秘密——机密——绝密

3、**词义着重点不同**

词义着重点不同的同义词，结构上往往都有一个相同的语素，表示意义的共同点；不同的语素，正好体现了词义的着重点，正是差别所在。例如“陈旧”和“破旧”，相同点是指过时，“陈旧”着重指年深月久已过时，“破旧”着重指破烂、破损、不完整。同样指向远处看，“凝望”着重指聚精会神地看，“观望”着重指四下张望，“仰望”指抬头向上看，“展望”指对前景的预测。此外再如“侵犯”与“侵占”、“消灭”与“消毁”、“才能”与“才华”等等。

4、适用对象不同

有些同义词，适用对象有上下、内外之别，有长幼、性别之分，选用哪个词要看说听双方的身份、地位。例如“爱戴”用于对上级、长辈，“爱护”用于对下级、小辈；“赡养”用于长辈，“抚养”用于晚辈。同样表示年龄，“年纪”、“岁数”用于一般人，“高寿”、“贵庚”适用于老年人。“潇洒”、“帅”用于男性，“美丽”则用于女性，“漂亮”则男女都能用。汉语中有许多专门适用于女性的词语，它们与一般用于大众的词构成同义词。例如：

芳名　芳龄　芳心　芳姿　玉照　玉体

秀丽　秀发　苗条　丰盈　贤惠　凤眼

（二）附加意义的差别

1、感情色彩不同

有些同义词有褒贬之分，有的带褒扬色彩，有的带有贬斥色彩，有的无所谓褒贬，是中性的。例如“鼓动”、“发动”、“煽动”三个词，基本意义都是指促使他人行动起来，但“鼓动”指激发推动，是褒义词，“发动”是指使别人开始行动，是中性词，“煽动”指挑动、指使别人做坏事，是贬义词。再如：

果断——武断　技能——伎俩

详细——繁琐　雄辩——诡辩

聪明——狡猾　教育——教唆

爱护——保护——庇护

牺牲——死亡——完蛋

成果——结果——后果

2、**语体色彩不同**

在意义对应的同义词中，有些经常用于口语，有些经常用于书面语，因而形成不同的语体色彩。例如：

口　语——爷爷　哆嗦　吓唬　聊天　麻利

　　　　清晨　商量　多少　生日　丈母娘

书面语——祖父　颤抖　恐吓　会谈　敏捷

　　　　黎明　磋商　若干　诞辰　岳母

（三）用法上的差异

1、**词性和句法功能不同**

大部分同义词词性都相同，但也有些同义词词性不同，因而句法功能也不一样。如“突然”和“忽然”，前者是形容词，可做定语、状语、宾语、补语，后者是副词，只能做状语。“充分”和“充足”都是形容词，但“充分”可做状语，如“充分认识”、“充分相信”，而“充足”没有这个功能。下列各组同义词都有这类区别：

适合——合适　发展——发达

深入——深刻　怀疑——可疑

偶然——偶尔　愿意——意愿

刚刚——刚才　聪明——智慧

2、搭配功能不同

这一类同义词的差别，主要体现在与别的词的组合关系上，它们各有比较固定的搭配对象，彼此不能混用。例如“改善”、“改正”、“改进”、“改良”这一组同义词，搭配对象就各不相同。“改善”常与“关系”、“生活”、“条件”搭配，“改正”常与“缺点”、“错误”搭配，“改进”常同“工作”、“方法”、“技术”搭配，“改良”常同“品种”、“产品”、“土壤”搭配。又如：

a. 发扬——优点、传统、作风

b. 发挥——优势、作用、干劲、才能

a. 交流——思想、经验、文化

b. 交换——意见、看法、资料、礼品

a. 扩大——范围、面积、生产、影响

b. 扩充——人力、实力、军备、资金

c. 扩张——势力、疆土

以上介绍的，是同义词差别的典型种类。事实上一组同义词的差别是多方面的，所以辨析同义词要多方面综合分析。例如“死亡”和“逝世”既有适用对象不同，也有感情色彩的不同，语体风格上也有差异。再如“酷爱”与“热爱”既有语义轻重上的不同，也有语体色彩上的不同，还有搭配对象等方面的不同。

三、同义词的作用

精心选用恰当的同义词，对于增强语言的表达效果有积极作用。同义词的作用主要表现在以下几个方面。

（一）同义词能准确表达不同事物和思想感情的细致差别

如用“看”、“瞧”、“瞅”表示一般的看，用“见”、“看见”、“望见”、“见到”、“目睹”表示已经看到，用“望”、“远望”、“远眺”、“眺望”、“瞭望”表示往远处看，用“鸟瞰”、“俯视”、“俯瞰”表示向下看，用“瞻仰”、“仰望”、“仰视”表示向上看。同样是“使用、运用”这一基本含义，表示“过度地、无限制地使用”，我们用“滥用”；表示“胡乱地、不合规律地使用”则用“乱用”。

（二）同义词连用可以加强语势

连用同义词可以加强语势，同时还可以避免用词重复，使语言生动活泼，富于变化。

汉语中许多成语的构成都采用同义词连用的方式，例如：

家喻户晓　轻描淡写

粗心大意　深思熟虑

下列两句中同义词的连用也起到了很好的表达效果：

①我为我生在中国感到骄傲，感到自豪。

②这只是我的心情改变了，因为我这次回乡本没有什么好心绪。

（三）同义词的选用可以使语体风格鲜明

有些同义词在语体风格上有差异，应根据实际需要加以选用。如在正式书面语体中用的“恭候大驾光临”，若换用口语中的“等你来”就失去了恭敬庄重的色彩。

（四）同义词可使语意含蓄委婉

在语言交际当中，我们常常出于委婉、避讳的需要选用同义词。如汉语中表示“失去生命”这一意义的同义词有一百个以上。一个人死了，说话的人常用“去世”、“老了”、“走了”等同义词委婉的表达。又如与人体污秽物排泄相关的动作，直接用“拉屎”、“撒尿”的情况很少，一般都用“洗手”、“方便”、“解手”、“大便”、“小便”、“上厕所”、“去卫生间”、“去一号”等同义词语表达。同样，不说“开刀”、“怀孕”、“棺材”、“瞎子”、“落后”，而用“手术”、“有喜”、“寿材”、“盲人”、“后进”，也都有避嫌刺激对方，使语气委婉含蓄的作用。

四、反义词

（一）什么是反义词？

反义词是意义相反或相对的一组词。例如：

大——小　生——死　南——北　多——少

长——短　上——下　松——紧　来——去

前进——后退　宽阔——狭窄　漂亮——难看

成功——失败　高兴——悲伤　干净——肮脏

有一些词，从意义上看并没有严格的矛盾对立关系，但经常对举使用，语言习惯上也往往把它们看成相互对立的概念的反义词。例如：

冬——夏　春——秋　黑——白

手——脚　老师——学生

反义词是客观事物、现象的矛盾对立在语言中的反映。

能构成反义关系的几个词，必须属于同一意义范畴，属于同一个上位概念的几个矛盾对立的同级下位概念。例如“男”和“女”同属性别范畴，“冷”和“热”都属于温度这个范畴，“黑”和“白”同属色彩范畴，“快”和“慢”同属速度范畴。不是同一意义范畴的词，不能构成反义词。如“黑夜”与“白色”、“战争”和“宁静”、“花”和“臭”就不能构成反义词。

“香”和“不香”不是反义词关系，因为“不香”是短语，不是词。

（二）反义词的类型

从意义和用法看，反义词可以分为绝对反义词和相对反义词两类。

绝对反义词指在两个反义词之间没有表示中间状态意义的反义词，两个词的意义互相排斥，互相对立，完全相反。例如：

死——活　动——静

真——假　对——错

完整——残缺　出席——缺席

部分——整体　合法——非法

绝对反义词可以用“不”、“没”、“无”、“没有”表示否定，意义上等于它的反义词。绝对反义词表示的是同一上位概念中仅有的两个下位概念，它们互相对立、排斥，非此即彼，肯定或否定了一方，就必然否定或肯定了另一方。例如“没死”就是“活”，“没活”就是“死”。现实生活中绝对没有既没死又不活的状态。“半死不活”说的还是活的情况。

相对反义词意义上不是互相排斥的，在两个反义词之间还有表示其他意义的词存在，两个词的意义相对。如“老年”的反义词是“少年”，但中间还有“中年”、“青年”、“壮年”之类的词存在。再如：

长——短　冷——热

高——低　深——浅

进步——落后　朋友——敌人

早晨——晚上　开头——结尾

相对反义词也可用“不”、“没”表示否定，但否定后意义并不等于它的反义词，否定了一方，不一定就肯定了另一方。相对反义词同属于一个上位概念，但在它们之间有同级的其它概念，因而有表示第三意义的词。例如“春”与“秋”，否定了“春”，意义上不等于“秋”，因为还有“夏”、“冬”存在；“苦”与“甜”，中间还有“咸”、“酸”、“辣”存在，所以“不苦”不一定是“甜”，“不甜”未必就是“苦”。

（三）反义词的作用

反义词是客观事物矛盾对立关系在语言中的反映。因此恰当的运用反义词，可以鲜明生动地将事物矛盾对立面揭示出来，使人在对照中分清是非、善恶、美丑，留下深刻的印象。收到准确、鲜明、生动的表达效果。具体来说，反义词具有如下几种作用：

1、突出矛盾，起对比、映衬作用

反义词对举运用，可以构成映衬、对偶辞格，形成对照，突出事物矛盾对立性，使是非清楚，黑白分明，使阐述的道理更加透辟，从而增强语言的感染力和说服力。例如：

① 尺有所短，寸有所长。

② 智者千虑，必有一失；愚者千虑，必有一得。

③ 虚心使人进步，骄傲使人落后。

④ 把自己的幸福建筑在使别人痛苦的基础上，是一切剥削者的共同特点。

2、多组反义词连用，可以增强语意，加深印象

① 真的、善的、美的东西总是在同假的、恶的、丑的东西相比较而存在，相斗争而发展的。

② 事物的发展规律总是由小到大，由低级到高级，由普及到提高。

③ 我以这一丛野草，在明与暗、生与死、过去与未来之际，献于友与仇、人与兽、爱者与不爱者之前作证。

3、构成表面矛盾而含义深刻的句子

通过反义词连用，构成看起来矛盾、实际上包含深刻哲理的语句。由于矛盾对立，含义意味深长，极富感染力，格外精警动人，给人的印象也特别深刻。许多格言、警句、作品的标题就是用这种方式构成的。例如：

① 平凡的伟大（作品名）

② 失败是成功之母（格言）

③ 卑贱者最聪明，高贵者最愚蠢！

④ 世界上最快而又最慢，最久而又最短，最易被人忽视而又最令人后悔的，就是时间。

4、具有特殊的构词作用

反义词具有特殊的造词功能，就是用来仿拟词语。根据上下文已有的格式，利用反义词经常对举使用的原理，临时仿造一个反义词，构成对比，以揭示客观事物的矛盾对立，表义明快犀利，具有诙谐、讥讽的色彩，十分动人。日常会话中拟造反义词，往往能造成一种活泼轻松的气氛。如“阴谋——阳谋”、“新闻——旧闻”、“门外汉——门内汉”等。再如：

① 一个阔人说要读经，嗡的一阵一个狭人也说要读经。

② 咱们都是大老粗，好好学习，变他个大老细。

反义词还可以正反并用，构成合成词或表义丰富的成语。例如：

东西　天地　是非　深浅　好歹　始终

本末　赏罚　多少　荣辱　开关　动静

阳奉阴违　深入浅出　少见多怪　同甘共苦
东张西望　貌合神离　苦尽甘来　弃暗投明

思考与练习

一、什么是同义词？同义词在语言表达中有什么作用？

二、什么是反义词？　反义词在语言表达中有什么作用？

三、反义词有哪两种类型，请举例说明。

四、指出下列各组同义词的不同。

失望——绝望　边疆——边境
鼓励——怂恿　车——车辆
交换——交流　果断——武断
妈妈——母亲　脑袋——头部
突然——猛然　铲除——拔出——根除
溜达——散步　嫉妒——眼红
勇敢——勇气　开刀——手术
剃头——理发　家族——家属
美——奉承　习惯——习气
给——给予　　如何——怎样
调集——纠集　危机——危险

快活——愉快　充足——充满

马上——立即　固执——顽固

希望——期望　时期——时刻

夸大——夸张

五、写出下列各词的反义词。

贫困（　　　　）　平坦（　　　　）

通俗（　　　　）　深刻（　　　　）

死板（　　　　）　谦虚（　　　　）

苗条（　　　　）　扩大（　　　　）

伟大（　　　　）　安静（　　　　）

浪费（　　　　）　喜欢（　　　　）

天堂（　　　　）　高兴（　　　　）

勤劳（　　　　）　离别（　　　　）

可爱（　　　　）　赞美（　　　　）

坚强（　　　　）　积极（　　　　）

支出（　　　　）　高尚（　　　　）

拥护（　　　　）　集中（　　　　）

六、下边句子里都有用词不够妥当的地方，试加以改正。

① 为了使语言精练，老师从我的作文中删去冗繁的语句。

② 录像机从发现到如今，已有了很大改进，功能越来越多。

③ 高考前考生们挑选志愿要特别慎重。

④ 适当的休息可以调整大脑神经，这个道理谁都明白。

⑤ 他反复哼唱着，仔细体验江南小曲的那种韵味。

⑥ 大家对老王的批评正确而尖刻。

⑦ 许多影片情节坎坷，悬念丛生，很是吸引观众。

⑧ 打了一针后，病人才宁静下来。

⑨ 长江是我国第一大河流。

⑩ 这架飞机多次侵占我国领空。

基本词与一般词

一、基本词

（一）什么是基本词

基本词是全民广泛使用、日常交际必不可少，意义最为明确的那部分词。一种语言的基本词汇就是基本词的总汇，它和语法结构构成这种语言的基础。基本词一般包括以下几个方面的词：

表示自然界事物的词：天、风、水、火、山、雪、雨、河、海、太阳、月亮等。

表示人体各部分名称的词：人、心、脸、手、脚、牙齿、眼睛、耳朵等。

表示动物、植物的词：马、狗、猪、鸡、猫、老虎、鱼、草、花、树等。

表示生活资料方面的词：锅、碗、油、盐、菜、米、酒、茶、衣服、桌子等。

表示亲属、社会关系的词：爸爸、哥哥、同志、朋友、领导、老师、学生等。

表示动作行为方面的词：看、走、跑、跳、说、吃、喝、站、坐、睡觉等。

表示政治、经济、文化范畴方面的词：阶级、历史、工业、钱、买、书、电影等。

表示事物现象的性质、状态方面的词：红、大、好、热、愉快、漂亮、高兴等。

表示数量、计量、时间、季节等方面的词：一、百、个、小时、春节、星期一等。

表示指代方面的词：你、我、他、我们、你们、谁、自己、哪里、什么、怎样等。

表示程度、范围、语气、语法关系方面的词：很、都、吗、的、难道、所以等。

就词汇总量来说，基本词汇只是一种语言词汇中很小的一部分，但它的使用率极高，离开它就无法用这种语言进行交际。

（二）基本词的特点

1、稳固性

语言作为全民交际工具，本身就具有相对稳固性，基本词汇作为语言的基础、词汇的核心，稳定性特征更为突出。许多基本词从古到今几乎就没有什么变化，像“人”、“山”、“手”、“水”、“马”这些词，已经用了四五千年，至今没有变化，因为基本词所代表的客观事物或观念，在社会生活中占有极重要的地位，是人们生活及意识当中最常接触到的，处于一种比较稳定的状态，所以使得语言中代表它们的词也相应保持稳定性。

2、**能产性**

从构词能力上看，基本词具有能产性特点。随着社会的发展，新事物的不断产生，新的认识不断出现，反映这些新事物新认识的新词语也不断增添，以适应交际的需要。汉语音节数量有限，要求新词必须用已有的语言材料作基础构成，因此，利用基本词作为构词材料创造新词，成为汉语造词的最常用的手段。基本词是产生新词的基础、源泉。例如“山”：

山川　山村　山峰　山岗　山歌　山河

山洪　山岭　山陵　山峡　山墙　山峦

冰山　刀山　封山　高山　河山　火山

江山　靠山　青山　雪山　深山　泰山

3、**全民常用性**

基本词使用范围广泛表现在它的全民常用性上。基本词可以不受文化程度、地域或行业等条件的限制为全体社会成员理解使用，因为基本词表示的是人们日常生活中最基本的、最常用的概念，与人们的日常生活密切相关，所以这些词在日常交际中就经常地、大量地使用着，具有全民性。全民性是基本词最突出的特点。

基本词的这三个特点是互相联系、互相影响的。全民常用性是稳固性、能产性的前提，稳固性使基本词成为构成新词的基础；强大的构词能力又进一步强化了基本词的全民性、稳固性特点。这样三个方面互相影响，互为因果，使得基本词在词汇系统中的重要性更为突出。

二、一般词

（一）什么是一般词？

一般词是与基本词相对而言的。词汇中的词，除去基本词，剩下的那部分词就是一般词。

运用一种语言进行交际，只靠基本词汇是不够的，还必须使用一般词汇。例如，在部队里，人们除了使用基本词汇外，还经常使用“连长”、“营房”、“哨兵”、“站岗”、“演习”等词语，离开这些词语，部队里人们的交际是不可设想的。从语言的交际职能上看，基本词和一般词都是不可缺少的。

与基本词相比较，一般词有如下特征：

1、**一般词不具有基本词的稳固性，而表现出很大的变动性。**

随着社会发展不断产生的新词总是首先进入一般词汇，同时，一般词汇中也有少数进入基本词汇，那些逐渐失去基本特征的基本词，又退回到一般词汇中。有些词常常昙花一现，使用几年就隐匿了，尤其是与社会政治运动、文化思潮、变革等有密切关系的词，往往来得快，消失得也快。比如“文革”出现的“大批判”、“小评论”、“红卫兵”、“红宝书”等，都曾风行一时，现在都销声匿迹了。

2、**一般词构词能力弱，谈不上能产性。**

一方面，一般词使用面窄，经常变动，构成新词不易让人理解；同时，由于一般词大多是多音节词，再同别的成分组合成词，必然要扩展词形长度，不符合汉语词的双音节发展趋势。所以大部分一般词不具备构词能力，如“句号”、“灵性”、“元素”、“化合物”等，很难用它构词。

3、**一般词不具有全民常用性。**

因为一般词包含使用面较窄的各种词，如古语词、外来词、方言词、行业词等，所以它不具有全民常用性。比如像“逝世”、“华诞”、“令尊”、“反思”这类词，文化水平低的人很难理解，更谈不上使用。“酸根”、“纳米”、“一氧化碳”、“硝酸钠”等词，只有某个专业的人士才能理解、运用，外行人即使文化程度很高，也不能理解这些词的含义。

（二）一般词和基本词的关系

一般词与基本词的关系非常密切，二者互相依存，共同发展。一般词是不断充实扩大基本词的基地，基本词又是一般词不断丰富发展的源泉。在语言发展的历史中，经常有小部分一般词取得基本词的资格，进入到基本词行列中，从而使基本词汇得到不断的扩充和发展。如“电”、“党”在古汉语里属于一般词，在现代汉语里已经转化为基本词。他们的构词能力也极强，如以“电”为基础，构成了“电话”、“点灯”、“电脑”、“电子”、“电极”、“雷电”、“闪电”、“静电”、“火电”等大量的词。有些新造词，如“民主”、“电视”开始只属于一般词，但很快就扩充到基本词汇的队伍中来。另一方面，随着社会的发展，基本词所代表的事物、现象已经消失或为别的词语取代，失去了基本词的三个特征，就转化为一般词了。例如“天子”、“皇帝”、“宰相”等在古代汉语中都是基本词，现在变成了一般词。可见，基本词和一般词之间的界限并非是一成不变的。

三、古语词、方言词、外来词、行业词

现代汉语词汇的不断丰富发展，不仅表现在不断地产生出大量的新词，而且还表现在不断地从古代书面语、本民族语的各个方言、其他民族语和科技行业用语中，吸取有用的成分来丰富自己。这种从古代书面语、方言、外语和行业语中吸取来的词语，分别称为古语词、方言词、外来词、行业词。这是从词语来源上分的类。这些词语多带有一些特殊的表达作用，是一般词汇中很重要的部分。

（一）古语词

古语词是从古代文献中流传下来的词语，可分为文言词和历史词两类。

文言词指古汉语用过，表示的事物现象和观念在现实生活中还存在，有现代词语来代替它的词语。例如：

败北——失败　囹圄——监狱

伉俪——夫妻　之——的

亦——也

历史词指表示历史事物的词。这些词表示的事物、现象在现实生活中已经消失，因此没有同它对应的现代词语存在。例如：宰

相、太监、妃子、科举等。在叙述历史事物或现象或在外交场合等特殊语境下，还得使用这些历史词。

古语词有特殊的表达作用。

1、使语言精练、句式匀称。例如：

① 此处严禁吸烟！

② 施工重地，闲人免进。

③ 欲加之罪，何患无词。

2、表达庄重严肃的感情色彩。例如：

① 恭候大驾光临。

② 望拨冗前来。

③ 庆祝张斌先生90华诞从教60周年学术研讨会暨《现代汉语描写语法》首发仪式

3、表示幽默、讽刺意义。例如：

① 多乎哉？不多也。

② 他是处长的驸马，谁敢得罪于他？

（二）方言词

方言词指已经被吸收到普通话词汇系统、成为普通话词汇成员的来自方言的词。普通话从方言中吸收方言词，一般有两种情形：

一种情形是，方言词表示的某种特殊意义，普通话中没有与之相应的词来表示，这样的方言词就被普通话所吸收。例如“搞、名堂、把戏、垃圾、尴尬”等。

另一种情形是，方言词表示方言区特有的事物，普通话中也没有相应的词，这样的方言词也被普通话所吸收。例如："橄榄、槟榔、椰子、荔枝、龙眼、马哈鱼"等。

吸收方言词也是丰富普通话词汇的重要途径。但不能毫无节制地全盘吸收，而是有选择地吸收。

吸收方言词要注意以下几点：

第一，根据普遍性原则，要从众多同义方言词中选择通行范围广的词。例如"玉米"、"苞米"、"包谷"、"珍珠米"、"棒子"等，吸收"玉米"。

第二，根据需要原则从方言词中吸收具有特殊意义的词。比如表示各地植物、动物等名称的词，如"椰子"、"马哈鱼"等指称的是方言区特有事物，因而可直接吸收，不用另造新词。

第三，要从方言词汇中吸收表意新颖、表现力强、形象生动的词。例如"瘪三"、"窝囊"、"别扭"、"揩油"等词，意义明确、生动，所以吸收到普通话中来，增强了普通话的表现力。

（三）外来词

外来词是本民族语言从外族语言里吸收来的词，也叫借词。任何语言都从其他语言中吸收有用的成分来丰富自己，汉语也不例外。在吸收过程中，一般都不是简单地照搬，而是要按照本民族语言的特点对外来词进行一番加工再造，使之适合于本民族语言的系统。汉语吸收外来词，都从语音、词义、语法方面使其汉语化，如音节简化、词义单一化、去掉词尾变化、增加声调等。

汉语吸收外来词的方式，有以下几种：

1、音译

也叫转写，就是用汉字标写外语词的读音。例如：

坦克（英tank）　高尔夫（英golf）

沙龙（法salon）　纳粹（德Nazi）

2、音译加表义语素

用译音的办法转写原词，然后加上表示事物类属的语素，这个语素是原词没有的。例如：

卡片（英card）　芭蕾舞（法ballet）

啤酒(英beer)　沙丁鱼(英sardine)

比萨饼（意pisa）　艾滋病（英aids）

3、半音译半意译

把外来词的一部分读音用汉字转写，另一部分意译成汉语语素，由这两部分构成一个汉语外来词。例如：

冰淇淋——ice cream

霓虹灯——neonlamp

浪漫主义——romanticism

4、音译兼意译

这类外来词在音译的同时，又选用与原词义相关的汉语语素意译，既照顾到了原词的语音形式，又能显示意义，音义双关。例如：

浪漫（英romantic）　敌敌畏（英DDVP）

幽默（英homour）　可口可乐（英cocacola）

5、借词

直接把用汉字写出来的日语词拿过来作为汉语的词，又叫借形外来词。例如：

手续　场合　积极　消极　克服

抽象　具体　目的　服务　支配

干部　日本　电车　博士　革命

经济　独裁　阶级　否决　社会

6、字母外来词

直接用外文字母（简称）或用字母与汉字组合而成的词。例如：

VCD　　KTV　　MTV

BP机　　T恤衫　　卡拉OK

需要指出的是，意译词不是外来词。意译词的构成材料、构成方式都是本民族的，实际上是新词，只不过造词的动因源于外来的事物概念而已。意译词只吸收了外民族词语的意义，没吸收形式。

汉语意译词的构成方式有三种：

一是在汉语原有名词前加上表示来源的语素。例如造词用“胡”、“洋”、“西”、“番”等作为限定语素表示外族事物，早期的意译词多采用这种方式。例如：

胡人　胡椒　洋人　洋火

西餐　西红柿　番人　番椒

二是用汉语意义相关的语素创造新词。即根据外来词的含义选取适当的语素构成新词，指称外来事物、概念，而不考虑原词的内部和外部结构形式，例如：

飞机　汽车　轮船　火车

电影　电话　电灯　世界

三是对译。即根据外来词的构成成分用汉语意义相当的语素逐个对译，组合成意译词，二者在结构形式上对应。例如：

铁路（rail-way）　冰岛（ice land）

足球（foot-ball）　快餐（quick lunch）

意译词既指称了外来事物，构造上又符合汉民族的语言习惯和构词特点要求，词形简短而意义明确，便于理解记忆，具有许多优点，比音译更有发展前途，因此意译已成为汉语吸收外来词的主要方式，许多音译的外来词，后来都被意译词取代了。例如：

德律风——电话　布拉吉——连衣裙

赛因思——科学　葛郎玛——语法

（四）行业词

行业词就是科学技术上和各种行业应用的词语。

科学技术上应用的词语，也叫术语。各门学科都有一些特别应用的术语。例如语言学术语“音素、音位、音节、语素、词根、主语、定语、单句、复句”等。

行业词都具有专业性，具有严格规定的意义，它们的意义往往是单一的，也没有任何感情色彩。行业词一般只在专业范围内通行，不受地域的限制，只要是专业学科相同，行业相同，词语的意义是统一的。

行业词也是丰富普通话词汇的一个重要来源。随着科学技术知识的普及和行业词语的长期使用，一些行业词扩大了使用范围，便可能取得全民性，转化为全民性词语。如“解剖”本是医学用语，指用特制的刀、剪把人体或动植物体剖开。后来又获得了“分析、剖析”这个比喻义，如“严于解剖自己”，从而转化为全民性词语了。

思考与练习

一、什么是基本词？基本词有哪几个特点？请举例说明。

二、请举例说明基本词与一般词的关系。

三、如何吸收方言词？

四、古语词有什么特殊的表达作用？

五、请举例说明外来词的类型。

六、下面的词哪个是基本词，哪个是一般词？

任意球（　　　）　月亮（　　　）

什么（　　　）　租赁（　　　）

鼻子（　　　）　起床（　　　）

至交（　　　）　重音（　　　）

快乐（　　　）　二氧化碳（　　　）

七、请各举出10个以“人”、“笔”构成的合成词。

八、请指出下列外来词的吸收方式。

奥巴马　霓虹灯　托福　香槟酒

沙发　休克　哈达　雷达　法兰西

咖啡　卡车　喇嘛　马达　奥林匹克

肯德基　的士　吉普车　OK

第七节

熟语

一、什么是熟语

熟语是语言中相沿习用的固定短语。熟语本身不是词，但使用中相当于一个词，是现成的语言建筑材料，与词一样具有结构的定型性、语义的融合性以及功能的整体性等特点。

所谓结构的定型性，指的是其构成成分和结构关系都是固定的，不能随意替换结构成分或改变其结构关系。所谓语义的融合性，指的是其意义不等于构成成分意义的简单相加，其内部各部分的意义互相制约、互相依赖，并在其他许多因素的作用下，已经融合在一起，表达一个新的完整的意义。所谓功能的整体性，指的是熟语同词一样，都可以用一定的语法规则把它们组织起来，同其他词或短语一起构成句子去同别人进行交际，也就是说，熟语一般总是作为词的等价物来使用的，也是词汇系统的最小单位。

熟语是民族语言特有的词汇单位，比起一般的词汇单位来，熟语受到各民族的文化传统的影响特别深刻，在风格色彩上具有特别鲜明的民族性。

现代汉语的熟语系统主要包括成语、惯用语、歇后语和谚语。

二、成语

成语是指历史上沿用下来或群众中长期流传、见解精辟并含有特定意义的固定短语。它是熟语中数量最多，使用最广的一类。

（一）成语的特点

1、意义的整体性

成语的意义一般不是成语字面意义的简单相加，而是一种凝结成的或比喻或引申的整体意义。因此理解一个成语的意义，不能望文生义。像“叶公好龙”、“胸有成竹”、“草木皆兵”、“铁杵磨针”这样的成语，初学的人即使每个字都认识，仍然不能正确理解它的真实含义。只有少部分成语的含义是字面意义的直接组合，如“宁死不屈”、“不谋而合”等。

2、结构的凝固性

成语是一种稳固的定型结构，大部分是四字结构，所以叫“四字格成语”。也有少数非四字成语，如“下马威”、“莫须有”、“无事不登三宝殿”、“五十步笑百步”、“此地无银三百两”、“不鸣则已，一鸣惊人”等。成语结构凝固性强，一般不能任意变动词序，也不能增减或抽换其组成成分。“生龙活虎”不能说成“活虎生龙”，也不能说成“生豹活狮”，“万紫千红”不能说成

“千红万紫”，也不能说成“万绿千红”。当然，成语的活用是例外，那是一种修辞现象。例如：

望洋兴叹——望书兴叹、望房兴叹

两全其美——三全其美、两全齐丑

3、**民族性**

成语的民族性，表现在内容和形式两个方面：在内容上，无不体现出中国悠久而丰富的历史底蕴，其素材都跟中国，特别是汉民族的历史息息相关，反映出汉族人民的风俗习惯、思维方式。例如下列成语都源自中国特定时期的历史故事：

怒发冲冠　完璧归赵　负荆请罪（春秋战国）

破釜沉舟　四面楚歌　取而代之（楚汉之争）

在形式上，成语往往是四字格，成双成对，两两对称，念起来朗朗上口，悦耳动听，也符合汉族人民的欣赏习惯和心理态势。

（二）成语的来源

极大部分的成语是从历史上沿袭下来的。成语主要来源于一下几个方面：

1、**神话寓言。例如：**

画龙点睛（《搜神记》）　掩耳盗铃（《吕氏春秋·自知》）

南柯一梦（《南柯记》）　黄粱美梦（唐·沈既济《枕中记》）

2、**历史故事。例如：**

破釜沉舟（《史记·项羽本纪》） 纸上谈兵（《史记·廉颇蔺相如列传》）请君入瓮（《资治通鉴·唐纪》）卧薪尝胆（苏轼《拟孙权答曹操书》）

3、**诗文语句。例如：**

文质彬彬（《论语·雍也》） 老骥伏枥（曹操《步出夏门行》）

杯水车薪（（《孟子·告子》）一鼓作气（左传·庄公十年僖公五年）

4、**口头俗语。例如：**

七嘴八舌 三心二意 乱七八糟

半斤八两 大手大脚 呆头呆脑

（三）成语的运用

成语结构整齐，音节匀称和谐，运用得好，可以收到很好的表达效果，因而广为使用。运用成语时要注意以下几个问题：

1、**要正确掌握成语的整体意义。**

注意理解成语的深层含义，切忌望文生义。像“好为人师”、“叶公好龙”、“愚公移山”等成语必须透过字面意义，掌握其整体意义才能正确使用。

2、要注意辨析近义成语。例如：

心悦诚服——五体投地（语意轻重不同）

挖空心思——呕心沥血（褒贬不同）

鱼目混珠——滥竽充数（运用的对象不同）

3、注意成语的读音和写法。

成语中有些字一般只用在成语中，有的还是多音多义字，容易读错写错，因此使用时要注意成语中每个字的读音和字形，以免贻笑大方。例如“阿谀奉承”中的“阿”读ē，不读ā；“审时度势”中的“度”读duó，不读dù。下面这些成语也经常被写错读错（括号中是容易出现的别字）：

瞠（膛）目结舌　草菅（管）人命　火中取栗（粟）

班（搬）门弄斧　墨（默）守成规　川（穿）流不息

三、惯用语

惯用语是口语中形成的表达一种习惯含义的固定短语。例如：

走后门　开绿灯　磨洋工　炒冷饭

碰钉子　钻空子　泼冷水　扣帽子

穿小鞋　挖墙脚　马后炮　耳边风

半瓶醋　炒鱿鱼　闭门羹　眼中钉

醋坛子　打棍子　摆架子　第三者

鸡蛋里挑骨头　不管三七二十一

惯用语的实际意义都不能从字面来理解，它们用的是比喻义或引申义。如“穿小鞋”作为一般短语，意义指穿号码较小的鞋，作为惯用语，指故意刁难别人。

惯用语以三个字的居多，其中又以动宾结构和偏正结构最为常见。惯用语和成语的区别主要有两点：

第一，惯用语口语色彩浓，成语书面语色彩浓。成语凝练、含蓄、语义丰富，惯用语简明通俗、生动有趣；成语多用四字格，多数保留着文言文的色彩，惯用语大多数是三字格，口语里的通俗词语特别多。

第二，惯用语的定型性比成语弱，中间常可插入一些词语，或者颠倒其中成分的次序，成为一般的语句，而它所表达的习惯意义不受影响，如“走后门”可以说成“走王局长的后门”、“她的后门走不通”等等。

第三、义多讽刺。惯用语大多表示对一些现象的批评、贬斥，鄙视意味较浓，往往具有讽刺特点，情态色彩十分鲜明。少数褒义的惯用语如“老黄牛”、“金不换”、“开夜车”等。

四、歇后语

歇后语也叫俏皮话，是一种由前后两个相关部分构成的带有隐语性质的风趣、形象的固定短语，前一半近似于谜面，后一半相当于谜底。使用当中，往往可以只说出前一半，后一半让别人去猜，所以显得比较有趣。

歇后语根据前后部分的关系，可以分为两类：

（一）喻意类

前一半是比喻，后一半是解释。例如：

芝麻开花——节节高　螃蟹过马路——横行霸道

骑驴看唱本——走着瞧　马路上的电线杆——靠边站

大姑娘坐轿——头一回　黄鼠狼给鸡拜年——没安好心

大海里捞针——无处寻　狗拿耗子——多管闲事

老鼠进风箱——两头受气　猪八戒照镜子——里外不是人

（二）谐音类

利用语言中词的同音、近音现象构成，造成一语双关的效果。例如：

和尚打伞——无发（法）无天 老九的弟弟——老十（实）

外甥打灯笼——照舅（旧） 孔夫子搬家——尽是书（输）

飞机上挂暖壶——高水瓶（平） 蛤蟆跳井——扑通（不通）

老虎拉车——谁赶（敢）啊　窗户眼里放喇叭——鸣（名）声在外

歇后语生动有趣，口语中运用十分广泛。使用中要注意它的内容和使用场合。格调不高的歇后语，无论生动与否，都不宜使用。歇后语一般多用于口语以及反映口语特点的文艺作品中，正式场合以及其他语体中很少使用。

五、谚语

谚语又叫俗语、俗话，是流传于民间的形象通俗而含义深刻的现成语句。谚语是人民群众生活经验的总结，所以每条谚语总要说明某种道理，给人以教益，富有哲理和道德的色彩。在形式上，谚语句式整齐、音调和谐、形象生动、语言简练、讲究修辞。例如：

清官难断家务事

瘦死的骆驼比马大

情人眼里出西施

失败是成功之母

众人拾柴火焰高

人往高处走，水往低处流

三个臭皮匠，顶个诸葛亮

吃人的嘴软，拿人的手短

有理走遍天下，无理寸步难行

路遥知马力，日久见人心

俚语同谚语近似，它主要是以形象化的语言说明某种现象或事实，没有教化作用。例如“老虎屁股摸不得”、“驴唇不对马嘴”等等。

思考与练习

一、什么是熟语？熟语包括哪些内容？

二、什么是成语？成语有哪几个特点？请举例说明。

三、使用成语时应注意哪几点？

四、请指出下列四字语中的成语。

禁止吸烟　声东击西　直达北京　翻天覆地

轻车熟路　酷爱读书　战战兢兢　非常恐惧

结构固定　高屋建瓴　为所欲为　行动缓慢

名不虚传　名声不好　名不副实　名存实亡

使人进步　使人难受　催我快走　世外桃园

东瞅西看　东山再起　才高八斗　才来找我

五、改正下列成语中的错别字。

搬门弄釜（　　　　）	英雄倍出（　　　　）
明辩事非（　　　　）	披星带月（　　　　）
混身是胆（　　　　）	甜言密语（　　　　）
迫不急待（　　　　）	不记其数（　　　　）
坚难险阻（　　　　）	情不自尽（　　　　）
面面具到（　　　　）	克苦耐劳（　　　　）
变本加励（　　　　）	史无前列（　　　　）
心怀巨测（　　　　）	前扑后继（　　　　）

一窃不通（　　　　　）	礼上往来（　　　　　）
取纸可数（　　　　　）	精疲力进（　　　　　）
手不失卷（　　　　　）	唯命事从（　　　　　）
一口同声（　　　　　）	仗义直言（　　　　　）

六、下面句子中有词语使用上的错误，请予以改正。

① 我们应有鱼死网破的决心，彻底消除关系网。

② 听到这条铁路建成通车的消息，我们都不由自主地欢呼起来。

③ 如果不是他及时发现并排除险情，那么后果简直不可思议。

④ 他对工作非常认真，总是吹毛求疵，从不马虎大意。

⑤ 王厂长经验丰富，办事果断，刚愎自用，深受工人的敬重。

⑥ 他喜欢下棋，一到休息日就去找臭味相投的伙伴讨论棋艺。

⑦ 父亲动脉硬化，两只手会情不自禁地抖动起来，多年不写东西了。

七、什么是惯用语？它和成语有什么不同？

八、什么是歇后语？它有哪两种类型？

九、将下列歇后语的后半截补充出来：

竹篮打水——

哑巴吃馄饨——

门缝里看人——

哑巴吃黄连——

擀面杖吹火——

猫哭老鼠——

十、指出下列熟语中的成语、惯用语、歇后语、谚语。

翘尾巴（　　　）

一年之计在于春（　　　）

灯蛾扑火——自取灭亡（　　　）

百折不挠（　　　）

兔子尾巴（　　　）

人心齐，泰山移（　　　）

磨洋工（　　　）

无孔不入（　　　）

人比人，气死人（　　　）

捅马蜂窝（　　　）

第八节

词汇的发展变化

语言里的词汇经常处于发展变化的状态之中。伴随着社会的不断进步、人们时间领域的不断扩大，现代汉语词汇也不断地发展变化，这主要表现在如下几个方面。

一、新词的产生

新事物和新现象的出现，必然促使新词的产生。新词的来源有：

（一）新造词

新造词，就是用自身的构词方法将现成的材料进行新的配合，造出新词，表达新的事物或新的认识。例如：

电脑　影碟　笑星　倒爷　走穴

减肥　下岗　待业　扫黄　提成

世贸　合资　台资　硬件　软件

婚外恋　万元户　黄昏恋　教师节

足球热　旅游热　经商热　股票热

互联网　数据库　博士后　立交桥

（二）新的外来词

随着语言接触的日益频繁，新的外来词也在不断增加。例如：

迷你　的士　托福　酒吧　热狗

麦当劳　肯德基　艾滋病　可口可乐

（三）新的简称词

由于汉语词汇双音化趋势的影响以及语言经济化的作用，新的简称词在不断增加。例如：

彩电　家电　科研　电大　博导

高考　中考　考研　硕导　世博

环保　武警　立交桥　世乒赛

创造新词必须注意以下几点：

第一，必要性。如“国脚、影视、空姐”等新词，满足了交际需要。仅仅是为了求新，不用现成的词语而另造一个词，就没有必要。如“坦平、尊爱”等。一些没有必要的外来词，如“喔开（ok）”、“派司（pass）”就不宜推广。

第二，明确性。如“彩照、录像机”表义明确。而“裸淋、揍打、教质、女猪、匆惶、刚始、疲累”等生造词都表意不明确，是语言规范的对象。

第三，符合汉语构词规律。如“打假、特区、个体户、追星族”等就都是用人们熟悉的原材料构成的合成词，并且符合汉语词的构成方式，因而容易普及。

二、旧词的逐渐消失和变化

随着社会的发展变化，一些反映旧事物旧观念的词语，有的逐渐在语言中消失了，有的已极少使用。例如“洋火、洋灰、更夫、听差、邮差、使女、叩拜、顿首、丫环、童养媳”等。“文化大革命”中曾一度涌现了一些新词，例如：“文斗、武斗、红卫兵、红小兵、走资派、大串连”等，现在已逐渐消失。

有的旧词随着人们的观念、人际关系及体制的变化，又流行起来。如“先生、女士、太太、小姐、老板”等。

三、词义的演变

词义演变的途径，有以下几种：

（一）词义的扩大

所谓词义的扩大就是指扩大原词所概括的对象的范围。例如“江”本专指“长江”，后来扩大为指所有的江水；“走”本指两脚交叉向前移动，现在泛指人或车船移动；“收获”由专指“农业的收成”扩大到指称“一切行为的所得”。

（二）词义的缩小

所谓词义的缩小即指缩小词所概括的对象的范围。例如："臭"最初是泛指各种气味，如"其臭如兰"；后来专指为"香"的反面，"不好的气味"；"批判"原义含有评论优点指出错误两个方面，现代只剩下"分析、批驳错误"一个方面。

（三）词义的转移

所谓词义的转移是指表示甲类对象的词转用指称与之相关的乙类对象。如"金"原指一切金属，现在指黄金。"汤"原指热水，现在指用菜、肉、药等加工出来的汁液。

思考与练习

一、词义的发展变化表现在哪几个方面？

二、词义演变有哪几种途径？

三、请指出下列词义演变的类型。

1、"爱人"原义指恋爱中的女性一方，现在指夫妻的任一方。

（　　　　　　　　　　　　　　　　）

2、“搁浅”原指“船舶进入水浅的地方、停止在泥沙里不能前　　进”，现在又可指称一切“事情遭到阻碍，停滞不前”。

（　　　　　　　　　　　　　　　　　　　　）

3、“勾当”原有“办事”和“事情”两种意思，现在只剩下“事情”的意思，且仅指坏事。

（　　　　　　　　　　　　　　　　　　　　）

4、“师傅”原指对有技艺的人或传授技艺的人的尊称,现可指尊称一般人。

（　　　　　　　　　　　　　　　　　　　　）

5、“观礼”原指参观一切典礼，如参加婚礼也叫“观礼”，现用于特称参观重大节日的庆祝典礼。

（　　　　　　　　　　　　　　　　　　　　）

第三章

文字

第一节 文字概说
第二节 汉字的形体
第三节 汉字的结构
第四节 汉字的整理和标准化
第五节 正确使用汉字
第六节 汉字的检字法

第一节

文字概说

一、文字的性质

文字是记录语言的书写符号系统，是最重要的辅助性交际工具。

文字是在人类的文化发展到一定阶段的时候才出现的，不过只有几千年的历史。但是，人类自从有了文字，就开始了突飞猛进的发展。所以说文字是人类进入文明时代的一个重要标志。

文字突破了有声语言在时间和空间上的限制，扩大了语言的交际功能。有了文字，人类社会也就有了用文字记载的历史，知识、技术和经验得以系统地世代传播，极大地促进了社会的进步发展。因此有文字的历史尽管只有几千年，但人类社会在这几千年的发展程度要远远超过人类诞生以来的发展程度。

有了文字，才产生了书面语言。有了书面语，就可以更好地对语言进行加工，进行规范，使语言更加精密和丰富，因而不断促进语言的健康发展。

正因为文字有如此重要的作用，因而在很多民族中都有一些关于文字产生的神话传说。中国历史上就有仓颉造字的传说，据传说，仓颉长着四只眼睛，且四目炯炯有神。他造字时，“天雨粟，鬼夜哭”，可谓惊天动地。实际上，在文字产生之前，人类曾有实物纪事、结绳记事、图画记事等记事方式，最后人类在原始图画纪事的基础上，共同创造出文字。汉字是汉族人的祖先为满足日益复杂的交际的需要，在长期社会实践中逐渐创造出来的。汉字的形成一定经过了一个较为混乱的阶段，那时谁都可以造字，文字没有一个统一的系统。于是到了一定时期，推举几个人来对文字加以整理是必然的。正如鲁迅所说：“在社会里，仓颉也不止一个，有的在刀柄上刻一点图，有的在门户上画一些画，心心相印，口口相传，文字就多了起来，史官一采集，便可以敷衍纪事了。”传说仓颉是黄帝的史官，很可能在汉字的搜集和整理方面做了一些工作。

汉字是记录汉语的书写符号系统。汉字历史悠久，殷商的甲骨文距现在已有近四千年的历史了，从形体和造字法来看，甲骨文已经是相当成熟的文字。显然，汉字的产生的时间比这要更早。从考古的资料来看，汉字的产生可以追溯到五六千年前。因此可以说，汉字是世界上历史最悠久的文字之一。而且至今还在使用，显示出旺盛的生命力。汉字对中国社会的发展，对汉语的发展，都起着重要的作用。中华民族创造的光辉灿烂的古代文化，哲学、政治、经济、军事、科技、历史、文学、艺术等方面的重大成果，都靠汉字记载下来，传播四方，流传到现在，成为中华民族和全世界共同的宝贵财富。现在汉字作为中国的通用文字仍然在发挥着无与伦比的重要作用。

汉字不但记录汉语，而且还曾先后被日本、朝鲜、越南等国借去记录它们的民族语言，日本和韩国文字中至今仍夹杂有汉字。可见汉字为记录汉民族文化和其他民族文化都做出了卓越的贡献。现在，随着中国国际影响的不断扩大，汉字的影响力也越来越大。汉字还是联合国六种工作语文之一，在国际交往中继续发挥着极为重要的作用。

二、汉字的特点

（一）汉字是表意体系的文字

世界上的所有文字，根据记录语言的方式的不同，可以分为表音文字和表意文字两种。表音文字用字母记录语音，单词都由字母拼合而成，字母的形体比较简单，数量也很有限，例如英文仅有26个字母，用它们就可以记录英语里成千上万的单词。一般地说，不同的字母代表不同的音素，字母与音素之间有一定的对应规律，英文、法文、俄文、韩文都是如此。例如英文单词book，字母b与音素[b]对应，两个o与音素[u]对应，k与音素[k ‘]对应。所以懂英语的人，只要掌握了字母的读音、拼写规则，听到一个词的声音大体能写下来，看到一个词一般能读出它的音来。如看到it，pen，football，都能读出它们的音来。

汉字是表意体系的文字。它不是直接表示音素或音节的字母，而是用不同笔画构成的大量表意符号来记录汉语的单音节语素，从而代表了语素的声音。汉语的语素成千上万，因而汉语所用的表意符号，也就有成千上万。

汉字是表意体系的文字，这突出地表现在以下几个方面。

1、**汉字与汉语的语音没有直接联系**

第一，同一个汉字可以读不同的音。如“和”在“和平”中读hé，在“和诗”中读hè，在“和面”中读huó，在“和药”中读huò，在“和牌”中读hú。

第二，不同的汉字可以读同一个音。在汉语中，声音相同、意义不同的语素或词往往要用不同的汉字来表示，例如“林（树林）”、“临（来临）”、“邻（邻居）”、“霖（甘霖）”都读lín,却要用不同的汉字来记写。

2、**汉字与汉语的语素义紧密相关**

分析汉字形体的来源，就可以清楚地看到它的表义性。例如三“人”为“众”，二“木”为“林”，三“木”为“森”，“日”、“月”为“明”等。形声字虽然有了表音的成分，但是仍然没有摆脱表义的特点，因为声旁本来也是表意字，如“洋”的声旁“羊”。而且同一个声音往往可以用不同声旁，如“议、亿、溢、弈、谊”分别用不同的声旁。而同一个声旁有可能表示不同的读音，如声旁“者”在“诸、署、赌、屠、绪、都”等字中分别表示不同的音。因此形声字的声旁不同于表音文字的字母。

（二）数量众多，结构复杂

由于汉字是记写汉语语素的，而语素数量总是相当多的，所以汉字数量大得惊人，《汉语大字典》收字达五万六千个左右。《现代汉语通用字表》中就有7000个。要把成千上万的汉字区别清楚，不可避免地造成了汉字结构复杂多样的特点。如“齉”字多达36画。

（三）汉字是方块平面型的文字

汉字的笔画、偏旁等组字是多向行进的，时左时右，时上时下，或左右、上下同时多向展开，具有平面性特点。整体上又呈现方块型特点，无论笔画多少，都匀称地分布在一个方块形的空间内，形成一个整齐的方块。拼音文字中韩文是个例外，它也是呈现方块形。

（四）汉字记录汉语时不实行分词连写

汉字书写时习惯上是一字字摆开，词与词之间没有明显的空隙。

思考与练习

一、为什么说文字是辅助和扩大语言交际的最重要的工具？

二、谈谈汉字的作用。

三、和拼音文字相比，汉字有哪些特点？

第二节

汉字的形体

一、汉字形体的演变

现行汉字是从古代汉字演变来的。汉字历史悠久，历史上出现过甲骨文、金文、篆书、隶书、楷书，以及草书、行书等形体。

（一）甲骨文

甲骨文是三千多年前的殷商时代通行的文字。甲指乌龟的甲壳，骨就是野兽的骨头。古代科学技术不发达，人们对自然的各种现象常感到迷惑，所以凡有什么活动，一定要占卜吉凶，甲骨文就是记录商代王室贵族有关占卜活动的文字，因为这种文字是刻写在龟甲和兽骨上，所以人们便将它称为甲骨文。因为它的内容多和占卜有关，所以也称之为卜辞。

甲骨文是19世纪末叶在河南安阳附近的小屯村发现的，这个地方原来是商代的都城，后来变成了一片废墟。从这里发掘出的甲骨非常多，至今已发掘出十万多片。甲骨文的全部单字约4500个左右，其中已认识的有1000个左右，尚未认识的字多是人名、地名、族名等。

甲骨文是比较成熟的、系统的文字。目前我们能见到的最早而又成批的古代汉字材料，就是甲骨文。它的主要特点是图画特征比较明显，从中可窥见原始图画文字的痕迹。我们今天使用的汉字，就是从甲骨文这个系统发展而来的。

甲骨文一般是用刀刻的，很少用笔写的。加上甲骨坚硬，所以笔形是细瘦的线条，拐弯多是方笔，外形参差不齐，结体大小不一。又因为文字尚未统一，许多字可以正写、反写，笔画繁简不一，偏旁不固定，异体字较多。

甲骨文例字

（二）金文

金文指古代铸或刻在青铜器上的文字。青铜器以钟和鼎最为常见，所以金文又叫钟鼎文。金文是继承甲骨文发展而来的，商、周、秦、汉都有金文。平常所说的金文主要指西周青铜器上的文字。

金文笔形比甲骨文丰满粗肥，外形比甲骨文方正、匀称，异体字也比较多。

金文例字

（三）篆书

篆书一般分为大篆和小篆两种。

广义的大篆指先秦所有的古文字，包括甲骨文、金文、籀文和春秋战国时代通行于六国的文字。狭义的大篆只指春秋战国时代秦国的文字。

小篆是秦始皇统一六国后采用的标准字体，是在大篆的基础上整理、简化而成的。小篆比大篆字形更匀称、整齐，笔画圆转、简化，异体字基本废除了。

秦朝在全国范围内正式推行小篆，对汉字有计划地进行整理、简化。可以说，小篆是中国历史上第一次汉字规范化的产物，在汉字发展史上具有十分重要的地位，是古汉字的最后一个阶段。

小篆的通行，结束了甲骨文以来一千余年汉字形体纷繁、写法多样的混乱局面，从而使汉语书面语用字高度统一起来。小篆的影响也是深远的，直到现在，作为篆刻艺术的专门字体，小篆仍然在广泛地运用着，甚至成为书法或绘画作品中不可缺少的组成部分。

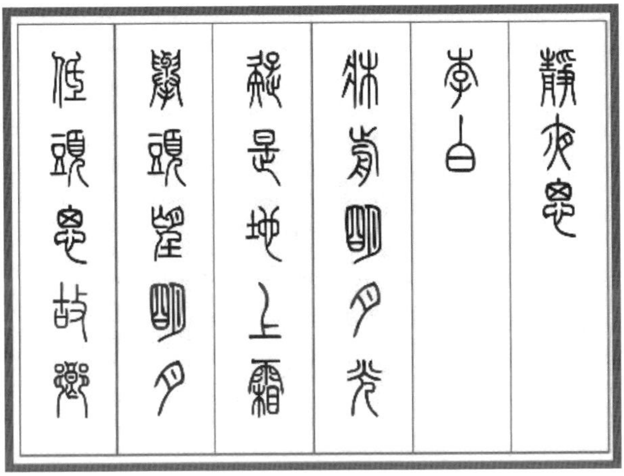

小篆例字

（四）隶书

隶书分秦隶、汉隶两种。

秦隶是秦代运用的隶书。秦代篆、隶并用，小篆是官方运用的标准字体，用于比较隆重的场合；秦隶是下级人员用于日常书写的辅助性字体。秦隶把小篆圆转弧形的笔画变成了方折平直的笔画，基本上摆脱了象形的特点。

汉隶又称金隶，是在秦隶的基础上演变来的，是汉代通行的字体。汉隶完全取代小篆成为通用的字体，几乎看不到篆书的痕迹了。

显然，隶书比篆书更便于书写应用，它对小篆的笔画、笔势、偏旁结构都作了不同程度的改造，形成了汉字点、横、竖、撇、捺等基本笔画，将汉字改造成棱角分明的扁方块，古代汉字的图画痕迹，经隶变后完全消失，汉字完全符号化了。因此，隶书是汉字发展史上的一个转折点，是古今汉字的分水岭，汉字从此进入了一个新的发展阶段。

隶书例字

（五）楷书

楷书又叫真书、正书，“楷”是规范整齐、可为楷模的意思。楷书是从隶书发展而来的，兴于汉末，盛行于魏晋，一直沿用到今天，是通用时间最长的标准字体。楷书同汉隶的基本结构相同，主要区别是笔形不同，楷书的笔画没有波磔，字形方正，书写简便。

楷书例字

（六）草书和行书

草书、行书一直是辅助性字体。

广义地说，草书是人们为了书写便捷而产生的汉字的一种草率写法。自有文字以来便有了草书。从汉朝开始，草书成为一种字体的专称，说明那时草书已经发展成为一种独具特色的字体了。

一般说的草书，包括章草、今草、狂草。章草是隶书的草写体，东汉章帝时盛行；今草产生于东汉末，是从章草变化来的，简易快捷，但大都不易辨认。狂草是唐代产生的，变化多端，极难辨认，变成了纯艺术品，很少有实用价值。

草书例字

行书产生于东汉末，是一种介于楷书和草书之间的字体。它近楷不拘，近草不放，笔画连绵，各自独立，好写好认，切合实用。因此，自它产生以来，深受人们欢迎。今天，行书已成为同楷书印刷体相对的一种字体——手写体，具有与楷书同等重要的作用，人们日常书写纪事，一般都是使用行书。

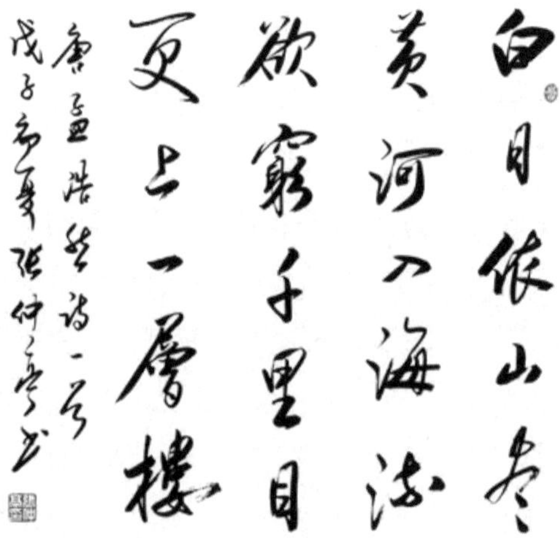

行书例字

从上述汉字形体演变的情况可以看出，汉字的形体是朝着简单易写的方向发展的。这主要表现在以下几个方面：

第一，从图画性的象形文字逐步变成不象形的书写符号；

第二，笔形从类似绘画式的线条，逐步变成横、竖、撇、点、折的笔画，书写更方便了；

第三，许多字的结构和笔画逐步简化，如“书”在小篆中本是从“聿”“者”声的形声字，现在简化多了；

第四，甲骨文、金文异体字繁多，小篆、隶书、楷书的异体字逐渐减少。

汉字字形演变一览表

二、现行汉字的形体

现行汉字以楷书、行书为最常用。一般地说，楷书用于正式文件和书刊，行书多用于手头写作或记录。草书、隶书、篆书、金文、甲骨文则适用于各种特殊场合或用于书法艺术作品。

现行汉字又有印刷体和手写体之分。

（一）印刷体

印刷体是印刷的时候常用的字体。实际上印刷体是楷书的各种变体，其特点是笔画清晰、端正、匀称，极便于辨认，但不便于手写。印刷体的变体有下列几种。

1、宋体

宋体笔画“横轻竖重”，即横细竖粗，结构方正严谨。宋体是最通用的印刷体，主要用于书刊或报纸的正文部分。例如：

建设祖国
爱我中华

2、仿宋体

仿宋体笔画横竖粗细一致，结体方正秀丽，讲究顿笔。多用于排印少儿读物、诗词等。例如：

建设祖国
爱我中华

3、楷体

印刷上的楷体近于手写楷书，但比手写楷书更为规整。主要用于排印教科书、通俗读物，报刊按语也常用楷体。例如：

建设祖国
爱我中华

4、黑体

黑体每一笔画都比较粗宽，印出来浓黑醒目。主要作标题，或用于注释和正文中需要强调的内容。例如：

建设祖国
爱我中华

印刷体按字体大小不同，分成不同的字号。常用的字号从大到小有初号、头号、二号、三号、四号、小四号、五号、小五号、六号、七号等。

（二）手写体

手写体是用手执笔直接写成的字体。手写体包括楷书、行书、草书等，以行书为最常用，其次是楷书。手写楷书同印刷体中的楷书字形大体一致。

根据运用工具的不同，手写体可以分成软笔字和硬笔字两类。软笔字指传统的毛笔字，硬笔字指钢笔字、铅笔字、圆珠笔字等，其中钢笔字用得最多。

思考与练习

一、汉字在历史上有过哪些形体？各种形体的主要特点是什么？

二、为什么说隶书在汉字形体演变史上具有划时代的意义？

三、为什么说汉字形体演变是朝着简便易写的方向发展的？

四、现行汉字印刷体有哪几种变体？

第三节

汉字的结构

一、结构单位

现行汉字的结构单位有两级：一是笔画，二是偏旁。偏旁也是笔画构成的，所以笔画是构成汉字的最小单位，独体字、合体字都是由笔画构成的。偏旁又叫部件，是构成汉字的预制构件，是高一级的构字单位，只有合体字是由偏旁组合成的，独体字在组字时只能充当一个偏旁。

（一）笔画

笔画是构成汉字的各种点和线。从落笔到起笔所写的点和线叫一笔或一画。

笔画有单一笔画和复合笔画两类。

单一笔画有六种：

笔　画	一	丨	丿	丶	㇏	㇀
名　称	横	竖	撇	点	捺	提

单一笔画在字的不同位置或不同偏旁中，为满足汉字方块形的需要，会有各种不同的变形。复合笔画是两种或两种以上笔画的连接。常见的复合笔画有撇类、点类、提类、折类、钩类、弯类等六类二十四种：

笔画	名称	例字	笔画	名称	例字
㇇	横折撇	又	㇖	横钩	皮
㇋	横折折撇	廷	㇚	竖钩	水
ㄣ	竖折折撇	专	㇂	斜钩	戈
㇛	撇点	女	㇃	卧钩	心
㇙	竖提	民	㇁	弯钩	豕
㇊	横折提	计	㇟	竖弯钩	儿
㇕	横折	口	㇆	横折钩	月
㇗	竖折	山	㇡	横折折折钩	乃
㇜	撇折	么	㇉	竖折折钩	马
㇅	横折折	凹	㇌	横撇弯钩	队
㇞	竖折折	鼎	㇈	横折弯钩	几
㇎	横折折折	凸	㇍	横折弯	沿

正确计算笔画数目，对于汉字教学、查字典和索引都是必要的，排列人名也往往按姓氏笔画的多少和笔形的顺序。

笔画有固定的书写先后顺序，简称笔顺。独体字和合体字都有书写顺序问题。汉字笔顺的基本规则如下：

先横后竖：十、干、半

现撇后捺：人、伞、木

从上到下：二、岗、李

从左到右：川、汉、休

从外到内：月、同、周

从外到内后封口：四、国、围

先中间后两边：小、水、永

多数字的写法是以上规则的综合运用。

（二）偏旁

偏旁是构成合体字的基本单位。一个合体字一般由两个或两个以上的偏旁构成。偏旁是由笔画构成的，一个偏旁一般由两笔或更多的笔画构成，如“字”由两个偏旁构成；少数偏旁由一画构成。如构成“亿”偏旁之一的“乙”。

现行汉字中的偏旁，按照不同标准可以分成不同的类型。按照现在能否独立成字划分，可分为成字偏旁和不成字偏旁两类，前者如组成“岩、界、盆、静”各字的两个偏旁“山”、“石”、“田”、“介”、“分”、“皿”、“青”、“争”，后者如“字、亿、煮、刮”偏旁中的“宀、亻、灬、刂”。

按照能否再切分成小的偏旁划分，可以分为单一偏旁和复合偏旁两类。前者如上举各字的偏旁，后者如“湖”，第一次可以切分出“氵、胡”，其中的“胡”是复合偏旁；第二次切分出“古、月”，其中的“古”是复合偏旁；第三次切分出“十、口”。

汉字数量很多，但偏旁有限。掌握汉字的偏旁，对于汉字的学习和运用是有帮助的。

部首是具有字形归类作用的偏旁，是字书中各部的首字。采用部首给汉字归类，始于东汉许慎的《说文解字》。它把9353个汉字归为540部。以后各词典分类不同，新华字典分为189部，《汉语大词典》和《汉语大字典》200部。

作部首的汉字偏旁，大都具有表示义类的作用。如“山”部的“岛、岗、峰、峦”等字，字义都与山义有关。部首和偏旁不是一回事，偏旁是汉字结构单位的名称，部首只是字典排列汉字的依据。部首绝大部分是偏旁，但偏旁却不一定是部首。部首包含在偏旁之中，只是偏旁的一部分，二者不能等同。如“灯、炒、炸、炬”等字都有两个偏旁，但只有“火”旁是部首，“丁、少、乍、巨”都不是部首，可见偏旁的范围比部首大得多。现代常用部首中，还有少数部首只是笔画，并不是偏旁，像《新华字典》等辞书中的“一、丨、丿、丶、乙”等部首都是由笔画充当的，这是因为有些字没有合适的偏旁可作部首，只好借某个突出的笔画代替了。例如“丁、上、不、哥”等字，都以“一”作为部首。

二、结构方式

汉字的结构方式指汉字的造字法。汉字有象形、指事、会意、形声四种造字法。

（一）象形

象形就是指描绘事物形状的造字法。用这种方法造的字就是象形字。请看下列甲骨文中的象形字：

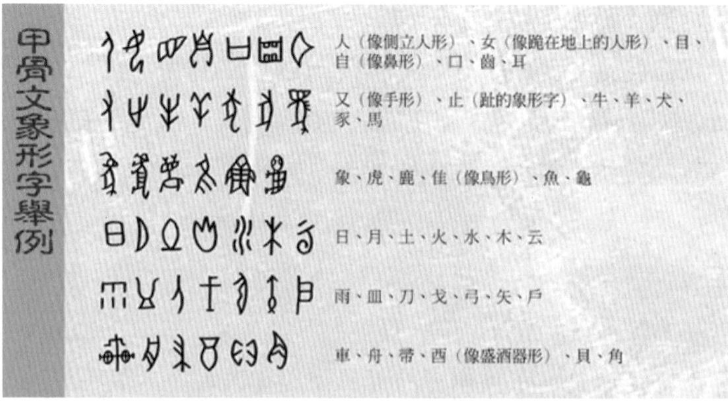

象形字近于图画，又同图画有本质区别。象形字表示语言中的词，用来记录特定的语音；图画不表示语言中的词，不能用来记录语音，没有固定的意义。

象形字在汉字中占的数量不多，但它是构成汉字的基础，大部分会意字和形声字是以象形字为构字部件组成的。掌握了象形字，就基本上掌握了汉字的基本构件。

象形这种造字法局限性很大。复杂的事物难以象形，抽象的概念无法象形，客观事物无限纷繁，要想一律造成象形字，是根本不可能的。

（二）指事

指事就是用象征性符号或在象形字上加提示符号来表示某个词

的造字法，用这种方法造的字就是指事字。如“刃”字是在“刀”的锋利处加上一点，以作标示。“上”“下”二字则是在主体“一”的上方或下方画上标示符号。再如“本、末、三、甘”等。

指事这种造字法也有很大局限性，因为用象征性符号表示词义相当困难。指事字比象形字少得多。

（三）会意

用两个或多个字组成一个字，把这几个字的意义合成新字的意义，这种造字法叫会意。用会意方法造的字就是会意字。例如：“酒”字，以酿酒的瓦瓶“酉”和液体“水”合起来，表达字义。“鸣”指鸟的叫声，于是用“口”和“鸟”组合而成。再如“休、安、牧、武、取、明、林、森、益、从、众”等。

显然，会意这种造字法比象形和指事造字法先进得多，因而它比象形字和指事字都多。但会意字没有表音成分，作为记录语言的符号也有很大的局限性，无法满足造字的需要。有些古代的会意字由于字形的演变、字义的变化，很难了解它们是如何会意的，如“祭、安、打、美”。现代会意字如“尘、泪、甭、孬”。

（四）形声

由表示字义类属的偏旁和表示字音的偏旁组成新字，这种造字法叫形声。用这种方法造的字就是形声字。例如“樱”字，形旁是“木”，表示它是一种树木，声旁是“婴”，表示它的发音与“婴”字一样。“齿”字的下方是形旁，画出了牙齿的形状，上方的“止”是声旁，表示这个字的相近读音。再如“洋、河、湖、吐、优、忠、钟、盅、肿、衷”等。

形声字的形旁大都是象形字，如上举各字。象形字、指事字、会意字、形声字都可以作形声字的声旁。如“沐、沫、沽、湖”的“木、末、古、胡”。

形声造字法造的形声字，有表音成分，同语言的声音在一定程度上发生了联系，因而同象形字、指事字、会意字相比，有明显的优越性。同一个形旁加上不同的声旁，可以造出意义有关而读音不同的一批字，如用形旁“木”可以造出大量的字：“杖、杆、杠、村、材、杨、枝、松、枪、杈”等。同一个声旁，也可加上不同的形旁，组成读音有关而意义不同的一批形声字，如用“主”作声旁的形声字：“拄、驻、住、注、炷、蛀”等。因此，形声造字法突破了原有造字法的局限，其造字能力完全可以满足汉字造字的需要。现行汉字大部分是形声字。

形声字中形旁和声旁的部位是有规律的。大体有下列六类：

左形右声：江、河、湖、洗、澡、浇、灌、泡、涝等。

右形左声：功、巩、攻、群、雌、战、飘、瓢、雅等。

上形下声：芳、竿、窃、窍、露、宇、菇等。

下形上声：架、驾、袈、型、膀、烈、警等。

外形内声：阁、匣、固、裹、围等。

内形外声：问、闻、辩、瓣等。

另外有些形声字的形旁和声旁部位比较特殊。如“厅”（上左形，右下声）、“翅”（右上形，左下声）。

形声字的出现是汉字发展史上的一大进步，它冲破了汉字表意的局限，使得汉字开始由纯表意文字向表音方向发展。今天，常用的汉字里形声字已达90%以上。

需要指出的是，形旁和声旁都有一定的局限性。形旁的主要作用是表示字的意义类属，帮助了解和区别字义。但由于社会的发展，客观事物的变化，字形、字义的演变，假借字的存在等，很多形旁的意义不好理解，或看不出来，如“篇、骄、恭、肺”等字的形旁。声旁的主要作用是表示读音，大约有四分之一的形声字声旁和整个汉字的读音完全相同。但由于古今语音的演变，大约有四分之三的形声字的声旁的读音和整个字的读音不完全相同，如用“寿”作声旁的“筹、踌、铸、涛、祷”等字根本不能按声旁来读。而且由于声旁字形的变化，有的形声字的声旁已经无法辨认，如“在”从土才声。

古代讲的“六书”，除上述四种造字法以外，还有转注、假借。但转注和假借都不是造字法，是用字法。所谓转注是指同一部首、读音相同或相近，意义上有共同点的一组字。例如“考”、“老”二字，本义都是长者；“颠”、“顶”二字，本义都是头顶；“窍”、“空”二字，本义都是孔。由于意义相近，所以可以互相解释。

语言中有了某个词，但还没有表示这个词的字，于是就在通行字中找出一个同音字来替代。例如“自”本来是“鼻”的象形字，后来借作“自己”的“自”；“它”本是蛇的象形，后借以表示代词。从造字法来看，这两个字都是象形字。

思考与练习

一、什么是偏旁？什么是部首？二者有什么不同？

二、汉字的造字法有哪几种？请举例说明。

三、形声字的形旁和声旁各有什么局限性？

四、请指出下列汉字的造字法。

盆（　　）	笔（　　）	瞧（　　）	忘（　　）
剃（　　）	雾（　　）	筷（　　）	众（　　）
闻（　　）	目（　　）	伐（　　）	采（　　）
国（　　）	坟（　　）	莫（　　）	美（　　）
园（　　）	闪（　　）	尖（　　）	胸（　　）
笔（　　）	鸭（　　）	岩（　　）	家（　　）
看（　　）	蛇（　　）	趾（　　）	男（　　）
晶（　　）	孬（　　）	幕（　　）	家（　　）

五、填写相应结构类型的形声字（各写5个）。

左形右声：

右形左声：

上形下声：

下形上声：

第四节

汉字的整理和标准化

一、汉字的长处和短处

（一）汉字的长处

1、汉字与汉语的紧密联系性

汉语以单音节语素为基本形式，古代汉语更是以单音节词为主，即使到了现代汉语，单音节词仍然占相当大的比例。而一个汉字记录的就是一个音节，一个音节大多是一个语素或一个词，因而汉字可以很好地适应记录汉语的需要。因而直到今天仍然发挥着无可替代的作用。

2、汉字的超时空性

汉字最大的长处就是能够超越空间和时间的限制。古今汉语读音差别很大，但字义变化较小，字形也相当稳定，没有太大的变化，所以先秦两汉的古书今天一般人还能部分看懂。汉民族人口众多，居住地域辽阔，方言差异巨大，尤其表现在语音上，各方言区的人往往无法用口语交流。汉字作为表意体系的文字，与汉语的语音没有直接的联系，同一个汉字，在不同的方言区里，可以读不同的音，而所表达的意义却是一致的，这恰好使它在不同的方言区之间起到了超方言的交际工具的作用。

3、**汉字记载了丰富的历史文化遗产**

由于汉字历史悠久，使用时间最长，使用人口最多，保存了中国乃至东方最为丰富的文化遗产。用汉字记录下来的文化古籍浩如烟海，汉字功不可没。

4、**汉字的艺术性**

汉字的书法早已升入艺术的殿堂，很适宜于对人的早期智力开发和晚年身心修养。

（二）汉字的缺点

1、**“两多”**

一是字数多，多到上万。即使常用字也在四千以上。

二是笔画多，有些字多到几十笔，如“齉”。

2、**“四难”**

一是难记，因为字数多，而且每个字都有自己的形体，有些字差别很小，因而很难记住。如“大”、“太”、“犬”，“戊”、“戌”、“戍”、“戎”，“已”、“己”“巳”，“免”、“兔”，“鸟”、“乌”，等等，字和字之间，差别都很小，这无疑增加了记忆的难度。

二是难读，见字不能知音，只能一个一个记，加上一字多音现象存在，更增加了读错的概率。甚至连电台、电视台的播音人员及专业主持人也时常出现发音错误。如把“鲜血”、“秘鲁”、“走穴”错读成xiānxuě,mìlǔ，zǒuxuè。

三是难解，记住了字形、字音，也不一定懂得或记住字义。因而望文生义的现象经常出现。

四是难写，由于字数多，有很多字笔画、结构复杂，不好掌握。特别是对初学写汉字的孩子或外国人，类似“察”、“爨”这样的字不练个十几遍根本写不好。

正因为汉字有如上一些缺点，因此中国儿童学习汉字所花费的时间要大大多于使用拼音文字国家的儿童所花费的时间。

二、汉字的整理

为了使汉字更好地为我们服务，需要对汉字进行整理。

汉字的整理包括两个内容：一个是精简笔画，一个是精简字数。

按照约定俗成、稳步前进的原则，1956年，中国国务院公布了《汉字简化方案》，方案中的简化字分四批推行。经过几年的实践，于1964年总结、归纳成《简化字总表》。1986重新公布时又对个别字作了调整。《简化字总表》应用简化偏旁，类推简化了一批繁体字，使简化字的总数增加到2234个。

经几十年的实践证明，简化字有利于人民群众，特别有利于中小学语文教学和扫盲工作，受到了广大群众的欢迎，现已深入人心。

《简化字总表》所用的简化方法是千百年来特别是近几十年来群众创造的，主要包括以下六种：

（一）简化偏旁

偏旁简化后更便于学习和记忆。简化一个偏旁，有时就可以类推简化一系列繁体字。偏旁简化可以使一些简化字和繁体字之间有对应规律。这种简化方法是最有效的方法。

简化形声字声旁的，如：

優——优

燈——灯

長——长（张、怅、帐）

简化形声字形旁的，如：

貝——贝（货、贷、贩、贬、员）

简化会意字偏旁的，如：

塵——尘

庫——库

（二）同音代替

在意义不混淆的条件下，用形体简单的同音字代替繁体字，既减少了字数，又突出了表音的特点。例如：

齣——出

穀——谷

後——后

（三）草书楷化

草书笔画简单，多是一笔书写，但笔画不清晰。把群众比较熟悉的草书的笔形改用楷书的写法，就可以达到减少笔画的目的。例如：

為——为

書——书

樂——乐

專——专

（四）换用简单的符号

用一个笔画很简单的符号代替繁体字中特别复杂繁难的部分。例如：

漢——汉

戲——戏

趙——赵

區——区

（五）保留特征或轮廓

把繁体字中繁难的部分删去，只留下表示这个字的特征或轮廓的部分。例如：

聲——声

飛——飞

奮——奋

奪——夺

（六）构成新的形声字或会意字

例如：

響——响

驚——惊

筆——笔

淚——泪

汉字整理的另一个内容是精简字数，主要是废除异体字。异体字是音同、义同而形体不同的字，如“并（並竝併）、拿（拏挐）”等。它们没有任何积极作用，只会增加人们学习的负担，而且在印刷、打字等工作中浪费物质财富。1955年12月，文化部和中国文字改革委员会公布了《第一批异体字整理表》，废除了1055个异体字。1965年，又公布了《印刷通用汉字字形表》，共收通用的印刷体字6196个，明确规定了每个字的字形标准。这样，印刷体字形统一了，印刷体和手写楷书也基本一致了，精简了一些在印刷上的特殊写法的字。

三、汉字的标准化

汉字的标准化是中国语言文字工作长期关注的一项重要任务，特别是信息时代的到来，使这一工作变得更加迫切。汉字标准化包括以下四个方面的内容。

（一）定量

汉字究竟有多少个，至今还说不出一个精确的数字。各字典、词典所收字数也不相同。

现代通用字数也就在6000—9000个范围内，而常用字只占其中的30%。1985年1月，国家语言文字工作委员会和国家教育委员会发布的《现代汉语常用字表》收字3500个，其中常用字2500个，次常用字1000个。

对汉字加以定量，就是规定现代汉语用字的数量，以利于汉字的学习和运用。按照汉字定量的要求，姓名用字、地名用字、方言用字、科技专业用字，都必须制订字表，加以适当的限制。目前，随着国际互联网的逐步普及，网上信息交流越来越频繁。这种交流一经开始便打破了国门的界限。中国大陆与香港、澳门、台湾，以及日本、韩国、新加坡等，使用的汉字数量仍有待深入研究，有待于共同制定新的标准，以利于全世界中文信息的交流。

（二）定形

定形是要规定现代汉语用字的标准字形。除了《第一批异体字整理表》，《印刷通用汉字字形表》以外，1988年3月国家语言文字工作委员会和中华人民共和国新闻出版署又联合发布了《现代汉语通用字表》，在充分依据《印刷通用汉字字形表》确定的汉字字形的基础上，又对汉字的字形结构、笔画数和笔顺做出了明确的规定，使汉字的形体更加规范。但仍存在某些汉字形体标准不明确的问题，需要学者展开进一步的研究。

（三）定音

定音是要规定现代汉语用字的标准读音。1985年12月国家语言文字工作委员会、国家教育委员会、广播电视部联合发布了《普通话异读词审音表》，进一步明确了现代汉语异读词的读音规范和标准。比如对多音字“血”、“卓”、“凿”的读音作了明确规定。但是，还有些字的读音，例如个别多音多义字、个别地名用字的读音有待审定。

（四）定序

定序是规定现代汉语用字的排列顺序。工具书的编写、档案、资料索引的编排、电脑用汉字字库的编制，都牵涉到汉字定序的问题。

排列汉字顺序的方法有义序法、音序法、形序法之分。这几种方法往往兼蓄并存，交叉使用。以词典为例，任何一部汉语词典都至少要有两种检字法才能满足一般的需要。以音序法为例，一般是先依据汉语拼音字母表的顺序排列，遇到同音同调同笔画的字就按笔画、笔形等形序法处理。但至今仍有很多问题需要深入研究，如笔画、笔顺、部首数目等。

思考与练习

一、举例说明汉字有哪些优缺点？

二、请举例说明两种汉字简化的方法。

三、指出下列简化字的简化方法：

号（號）　办（辦）　圣（聖）　辽（遼）

说（說）　灭（滅）　电（電）　视（視）

学（學）　习（習）　汉（漢）　语（語）

云（雲）　运（運）　醜（丑）　孫（孙）

第五节

正确使用汉字

一、掌握和使用规范的汉字

几亿人使用汉字，如果没有统一的标准，任凭人们乱写乱用，就要造成混乱，破坏汉字的交际职能。

当前通用的规范汉字的形体是以国家正式公布的《简化字总表》、《第一批异体字整理表》、《印刷通用汉字字形表》和《现代汉语通用字表》为依据的。每一个使用汉字的人都应该遵照使用。在字音和字义方面要依据有关的字典、词典。

要掌握和使用规范的汉字，就必须掌握和使用标准简化字，《简化字总表》以外的简笔字，在未经采用为正式的简化字以前，不应在公开出版物或正式的书面材料中出现。滥造只有自己认识的简笔字，乱用方言字，并将其用于公共交际场合，影响就更不好。被废弃的异体字也不能随意乱用。

二、纠正错别字

写错字，指写得不成字，如把“怜”中的“令”写成“今”。

写别字（“白字”），指把甲字写成乙字。如把“刻苦”写成“克苦”。

读错字，指把字音念错。如把鲜血，念成“xiānxuě”。

（一）写错别字的原因

错别字的产生，有主观和客观两个方面的原因。

主观方面，就是思想上对正字法认识不足，认为写字是自己的事，与别人无关，多一笔少一画无所谓，错一两个别人也能看懂，所以在书写汉字时不重视汉字的笔画，不注意这个字与那个字之间的差别，粗枝大叶，草率从事，写出错别字来。

客观方面，是由于汉字数量众多，组织结构复杂，有“两多四难”，一个人精力有限，要想掌握所有汉字的形音义，难度很大。鲁迅曾说过：“写别字的病根，是在方块字本身的。”著名语言学家吕叔湘先生也说过：“汉字的优点很多，但是有一个极大的缺点，就是容易读错，容易写错，念白字、写白字是汉字的‘胎里病’。”

大量多音字和同音字的存在更增加了读错写错的概率。如把“雪茄”错读成xuěqié、把“鲜血”错读成xiānxuě的人极为常见。

（二）错别字的类型

1、声旁迷误

蹄——缔

屁——庇

洛——赂

谓——喟

2、貌似同形

折——拆

掉——悼

概——慨

乌鲁木齐——鸟鲁木齐

3、一字多音

和（hè）诗——和（huò）稀泥

淌血（xiě）——高血（xuè）压

4、一字多义

给（gěi）我——给（jǐ）予

好（hǎo）人——好（hào）哭

5、乱造简化字

如把“苹果”写成“平果”，将“香蕉”写成“香交”，将“酒”中的“酉”写成“九”，将“题”中的“页”写成“卜”，将“鞋”中的“革”写成“又”，将“病”写成“疒”等。

6、不理解成语中意义而写的错别字

班门弄斧——搬门弄斧

完璧归赵——完壁归赵

草菅人命——草管人命

不计其数——不记其数

（三）纠正错别字的方法

首先，主观上要充分认识到汉字规范化的重要意义，认识到错别字的严重危害性：轻则闹出笑话，贻笑大方，重则造成误解，导致经济损失，甚至危及生命。如把“辛斧”读成“亲爹”，把“磋商”错读成“差商”，把“谆谆教导”读成“哼哼教导”，把“忐忑不安”读成“上下不安”，把“奏乐庆祝”读成“凑乐庆祝”，把“廉价袜子”写成“廉价妹子”，把“负隅顽抗”写成“负偶顽抗”都会闹出笑话来。签合同时如将“定金”错写成“订金”，把“乌鲁木齐”写成“鸟鲁木齐”就可能蒙受巨大损失。据传说，在某次战役中，一军官在传达部队移动命令时把地处河南南部的“泌阳”写成河南北部的“沁阳”，导致战役惨败，死伤无数。为此该军官受到军法处置。现代的例子如武汉某医院，在出具的检验报告中将“管状腺瘤”中的“瘤”写成了“癌”字，结果女患者在另一家医院被错切左乳。后来法院判处两家医院赔偿患者15万元。

我们应该把纠正错别字当作一件大事，平时看书看报，也应时时留心，注意自己最容易写错的字的笔画、结构。对写法、用法、读音没有把握的字，要勤查字典，多请教别人。尤其是在书写重要通知、合同等重要文件时更要字斟句酌，严格把关，以免因文字出错，造成不可挽回的损失。

其次，要努力掌握规范汉字的结构特点，注意区别那些笔画近似、容易写错的常用汉字的形音义上的差异，即同时注意字的字形（如偏旁“目”和“月”、“木”和“扌”、字音（如以“末”作声旁的字多是m声母的字：抹、沫、抹等，以“未”作声旁的字多是ei韵母的字：味、寐、昧、妹等）、字义（如偏旁“果”、“木”和“禾”），并反复进行书写练习。对成语用字更要认真，充分了解其中每个字的含义和写法，避免望文生义，写错用错，如将“胸有成竹”写成“肚里有棍”，“万紫千红”写成“万紫千黄”。

此外也要注意书写规范，不能把字写“飞”，如把“白月坡”写成“白肚皮”，竖行书写时把“买猪千口”写成“买猪舌”。

总之，只要我们平时多用心，多留意，错别字是不难纠正的。

思考与练习

一、什么是错字？什么是别字？举例说明其危害性。

二、用下列形近偏旁组字（每个偏旁至少写五个字）

夕：	歹：
土：	士：
良：	艮：
千：	干：
于：	己：

巳：　　木：
禾：　　扌：
目：　　月：
仓：　　仑：
瓜：　　爪：
辶：　　廴：
宀：　　冖：
亻：　　彳：

三、改正下列词语中的别字。

粉粹（　　）　杨弃（　　）
枪先（　　）　忘想（　　）
按排（　　）　题纲（　　）
挡案（　　）　恢心（　　）
威协（　　）　炒架（　　）
报消（　　）　免子（　　）

四、指出并改正下列成语中的别字。

百家真鸣（　　）　兔死狗悲（　　）
忘羊补牢（　　）　戒骄戒燥（　　）
口感舌躁（　　）　手屈一指（　　）
指路为马（　　）　烂鱼充数（　　）
刻舟求见（　　）　负京请罪（　　）
安步就班（　　）　夜公好龙（　　）
龙飞虎舞（　　）　天反地覆（　　）

磨杵成真（ ）　一见中情（ ）

画蛇添脚（ ）　玩事不恭（ ）

怒发冲关（ ）　弱不进风（ ）

五、填空。

征稿（ ）事　不知好（ ）　卑（ ）屈膝

艺术细（ ）　文学造（ ）　贪污浪（ ）

（ ）计多端　貌（ ）神离　召之（ ）来

（ ）生惯养　逢场作（ ）　史无前（ ）

甜言（ ）语　怨天（ ）人　仗义（ ）言

第六节

汉字的检字法

一、汉字检字法的作用与局限

汉语字典或词典中的条目，是按照一定顺序有系统地排列的，要查找一个汉字或词条，就得按这个排列顺序来查检，这就是汉字的检字法。要想利用字典、词典快速查字查词，就必须懂得一定的检字方法。不仅如此，检字法在社会日常生活中运用也十分广泛，查图书目录、资料卡片、人名表、地名表、电话号码等都要使用检字法。因此掌握检字法对我们的工作、学习、生活都十分必要。

一般地说，字典是以单个汉字的读音、结构、笔画等方面的特点为依据来排列汉字的，词典是以每个汉字的第一个字的读音、结构、笔画等方面的特点为依据来排列词条的，这都离不开以单个汉字为依据。因此，会查字典，也就会查词典了。

由于汉字笔画繁多，而且不规则，结构也比较复杂，组合也不像拼音文字那样简明，所以字典条目顺序的编排没有统一而简单的方法，汉字检字法相应地就比较难以掌握。汉字检字法多种多样，目前还没有哪一种检字法被公认为是最行之有效的，因为它们总有些不足之处。现代的字典辞书大多是以一种检字法为主，再附上别的检字法，以弥补其不足。因此，要想更好地使用字典、词典，就得同时掌握几种检字法。

二、几种常用的检字法

（一）部首检字法

部首检字法是中国历史最悠久、影响最大的一种检字法。自东汉许慎《说文解字》使用部首检字法以来，迄今已近两千年。许多有影响的字典、辞书，如《康熙字典》、《辞源》、《辞海》等，都采用部首编排。

按部首编排的字典、辞书，先按照部首的笔画排列部首的次序，把部首相同的字集在一起。同部首的字再根据部首之外的部分笔画的多少，安排先后次序。《说文解字》的部首（540个）本来以字的形体为依据来划分的，不过历代的字典、辞书大都有所改变，总的倾向是将部首适当合并，同时考虑便于查检，如《新华字典》的部首只有189部。因而有些字尤其是独体字，没有偏旁，不好定部首，于是就用字中某个突出的笔画来做部首，查检时，首先要找到这个笔画。如在《新华字典》中查“中、申、甲”等字时要在“丨”部中查找。“丨”是这些字的部首。

部首检字法是根据汉字形体结构上的一些共同特点来排列、查检汉字的，不了解字的读音也可以据形查字，这是它的优点。但是，由于汉字结构复杂，组合方式多样，部首的位置也不固定，有些字还无部首可归，还有些字又难定部首。各字典部首的数目不同，各字归部的情况在不同字典中也不尽一致。有时查一个字要查两三次才能找到，这就影响了查字速度。

（二）汉语拼音字母顺序检字法

有些字典是按汉语拼音方案的字母顺序来编排的，首先以音节的第一个字母来确定汉字的编排顺序。汉语拼音字母有26个，其中V只用来拼写方言；i（包括ü）和u作音节第一个字母时，根据拼写规则分别要用y和w代替或把y、w加在音节的前边。因此，实际上充当音节第一个字母的只有23个，按读音编排汉字的字典就根据这23个字母顺序排列汉字。第一个字母相同的，再按第二个字母的的顺序排列，依此类推。如果同一音节的字太多，字典一般依声调的顺序排列，查检时可根据所查字的声调按四声顺序去查。

如果查阅者知道所查字的读音，又熟悉汉语拼音方案，就可以直接在正文中翻检该字，十分迅速。不过，音序法也有其局限性。一是许多人查字典之前并不知道所要查的字的读音；二是不熟悉普通话和汉语拼音方案的人无法利用音序法。比如有些方言区的人分不清n和l，分不清平翘舌，碰到某些字（如“宁”和“字”）就不能确定是查“n”还是“l”，是查“z”，还是差“zh”。为了弥补这个不足，现在通行的按音序编排的字典都附有部首检字法，以供检者使用。

（三）笔画顺序检字法

笔画顺序检字法是根据汉字笔画数的多少和笔顺的先后来查检汉字的一种方法。依这种方法排列汉字十分简单：笔画少的在前，笔画多的在后。由于汉字笔画大多在五至十六画之间，因而同笔画的字较多，查检起来麻烦，于是同笔画数的汉字又以起笔为顺序（一般是点、横、竖、撇、捺、折）排列。查字时，数清了所查字的笔画，便可以在正文中相应的地方找到要找的字。现在用这种方法排列汉字的字典较少，但这种方法应用还是比较广泛的，如《新华字典》的部首顺序及检字表、难检字表都是按笔画顺序排列的，一般的人名表往往也按姓氏笔画的多少为顺序排列。

笔画顺序检字法简单明了，易学易用，这是它的优点。但也有不足之处：一是有些汉字笔画多，数起来十分麻烦；二是有些汉字笔画难以确定，笔顺也因书写习惯不同而有差异，如“鼎、收、凹、凸”等字，到底是几画，笔顺如何，往往因人而异。这些都给检字带来不少困难。

此外还有四角号码检字法等，但其普及程度远不及上述三种检字法，熟悉并使用的人较少。

思考与练习

一、什么叫检字法？汉字的检字法为何有不止一种？

二、写出下列汉字的部首：

讲（　）	打（　）	固（　）	沉（　）
炼（　）	丁（　）	上（　）	历（　）
劫（　）	建（　）	类（　）	警（　）
餐（　）	膏（　）	磨（　）	魔（　）

三、在字典或词典中查找下列各字并写出其基本义：

兔：

鼎：

孕：

孑：

负：

旭：

赣：

掰：

歪：

拜：

疆：

翰：

囊：

主要参考文献

符淮青 1985《现代汉语词汇》，北京大学出版社。
葛本仪著 2001《现代汉语词汇学》，山东人民出版社。
广东省教育厅教材编审室编 2002《语言文字应用规范手册》，暨南大学出版社。
胡裕树主编 1996《现代汉语》(重订本)，上海教育出版社。
胡裕树主编 1980《现代汉语参考资料》(上册)，上海教育出版社。
胡裕树主编 1981《现代汉语参考资料》(中册)，上海教育出版社。
黄伯荣、廖序东主编 1991《现代汉语》（增订版）上册，高等教育出版社。
贾彦德 1992《汉语语义学》， 北京大学出版社。
林涛、王理嘉 1992《语音学教程》，北京大学出版社。
刘坚主编 1998《二十世纪的中国语言学》，北京大学出版社。
刘叔新 1990《汉语描写词汇学》，商务印书馆。
卢英顺 2007《现代汉语语汇学》，复旦大学出版社。
罗安源编著 2000《现代汉语简编》，中央民族大学出版社。
罗安源、金雅声 1990《简明实用语音学》，中央民族大学出版社。
罗常培、王均 1981《普通语言学纲要》，商务印书馆。
吕冀平、戴昭铭 1999《当前我国语言文字的规范化问题》，上海教育出版社。
吕叔湘1964 谈语言和文字，《文字改革》第1期。
马学良主编 1981《语言学概论》，华中工学院出版社。
邱广君编著 1997《普通话语音表解》，东北大学出版社。
邵敬敏主编 2002《现代汉语通论参考文献精选》，上海教育出版社。

邵敬敏主编 2007《现代汉语通论》（第二版），上海教育出版社。
石安石著 1994《语义研究》，语文出版社。
王均主编 1995《当代中国的文字改革》，当代中国出版社。
王力1979 现代汉语语音分析中的几个问题，《中国语文》第4期。
温端政著 2005《汉语语汇学》，商务印书馆。
武占坤、王勤 1983《现代汉语词汇概论》，内蒙古人民出版社。
许皓光、张大鸣、李铁根、刘延新编著 2000《现代汉语教程》，中国物质出版社。
许嘉璐、王福祥、刘润清主编 1996《中国语言学现状与展望》，外语教学与研究出版社。
叶蜚声、徐通锵著 2009《语言学纲要》，北京大学出版社。
张斌主编 1996《现代汉语》 中央广播电视大学出版社。
周有光 1979《汉字改革概论》（第三版），文字改革出版社。
周祖谟 1956普通话的正音问题，《中国语文》第5期。

后 记

迄今为止，笔者先后在中国和韩国的大学中国语言文学系从事专业课“现代汉语”和“语言学概论”教学近三十年。在这三十来年的教学过程中，不仅积累了很多的教学经验，也针对各种教学问题作过诸多思考，形成了自己一些独特的观点。本书即是我教学研究的一个总结。敢于付诸出版，一是希望它能对现代汉语教学研究者以及学习者提供一些参考，二是想抛砖引玉，与学界同仁展开深入交流。

因为语法部分曾以《现代中国语语法》之名单独出版，所以本书只系统阐述现代汉语语音、词汇和文字方面的特点和规律。由于现代汉语兼有工具课、理论课和实践课的因素，因此本书不仅重视汉语理论规律的论述，还努力争取通过实践来培养并提高汉语学习者的语言素质和语言运用能力。为此，本书在各章节都设计编排了大量的与现代汉语理论和运用相关的思考与练习，以切实帮助学习者提高分析理解能力、思辩研究能力以及口头和书面表达能力。

本书在撰写过程中参考并引用了前辈学者以及诸多时贤的观点，虽在书末列出主要参考论著，但仍恐有所遗漏，谨在此一并向上述有关作者表示衷心的感谢。

本书虽历经数年撰写而成，完稿后又结合教学修改润色无数次，但限于自身水平，书中不足乃至错误之处肯定在所难免，诚恳希望各位专家学者以及广大读者多多指正，以便以后做进一步的修正。

李铁根

2014.12 于启明大学荣岩馆